BIBLIOTHÈQUE DU PARTI OUVRIER FRANÇAIS

LEUR CONGRÈS

A LA SALLE WAGRAM

Pièces justificatives publiées

PAR

BRACKE

PRIX : 0.10 CENTIMES

PARIS

LIBRAIRIE C. JACQUES & Cⁱᵉ

1, RUE CASIMIR-DELAVIGNE, 1

1901

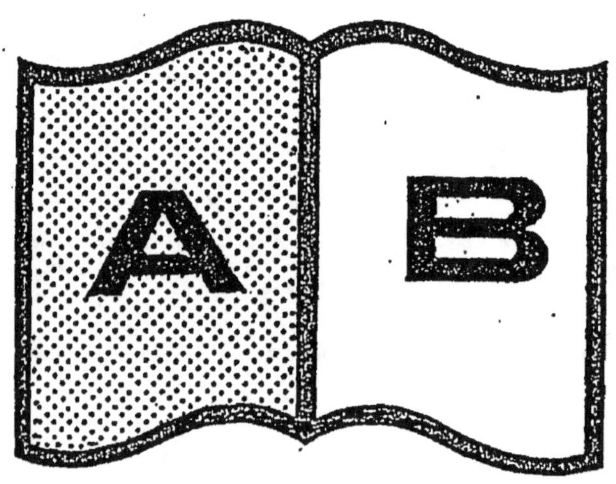

Contraste insuffisant des couvertures
supérieure et inférieure

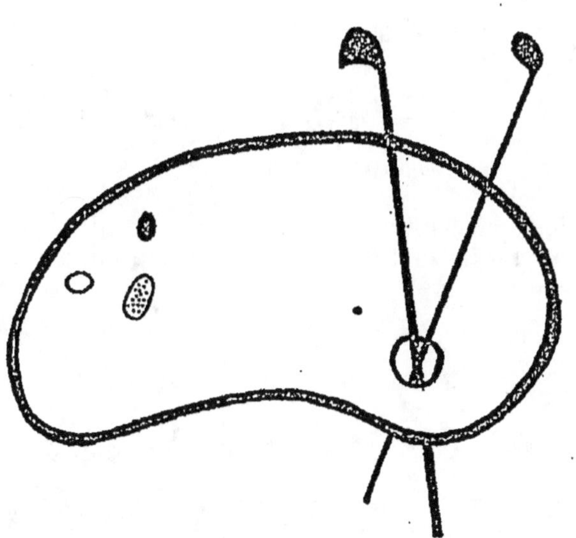

COUVERTURE SUPERIEURE ET INFERIEURE
EN COULEUR

LEUR CONGRÈS

A LA SALLE WAGRAM

Pièces justificatives publiées

PAR

BRACKE

PARIS

LIBRAIRIE G. JACQUES & Cie

1, RUE CASIMIR-DELAVIGNE, 1

1901

LEUR CONGRÈS

La convocation du deuxième Congrès général des organisations socialistes françaises qui devait se tenir à la salle Wagram les 28, 29 et 30 septembre 1900, adressée à tous les groupes et signée par tous les membres du Comité général, contenait les lignes suivantes :

Les groupements coopératifs doivent de plus établir qu'ils consacrent à la propagande socialiste une part de leurs bénéfices.

. . . .

ORDRE DU JOUR

1° Rapports du secrétariat et de la trésorerie du Comité général, Commission du secrétariat de propagande et de contrôle. — Rapport du groupe parlementaire.

2° De l'organisation intérieure du Parti.

. . . . , . .

MESURES D'ORDRE

Un délégué pourra être porteur de dix mandats au maximum.

Le vote par mandat sera de droit toutes les fois qu'il sera demandé.

Voilà les conditions sous lesquelles les socialistes de France se réunissaient dans leurs assises; voilà les engagements pris par l'ensemble des représentants de toutes les organisations qui s'étaient unies au Congrès de décembre 1899.

Comment ont-ils été tenus? Nous allons le voir.

LEURS MANDATS

Pour assurer, autant que possible, la sincérité de la représentation du deuxième Congrès général des organisations socialistes françaises, le Comité résolut de faire examiner tous les mandats, avant l'ouverture du Congrès, par une commission spéciale, chargée de présenter un rapport. Et afin que cette commission offrît toutes les garanties d'impartialité, afin qu'aucune fraction du Parti uni en 1899 n'y pût accaparer une prépondérance quelconque, il fut décidé qu'elle comprendrait *un représentant de chacune des organisations formant Comité général*. Ainsi, contrairement au principe qui avait servi de base à la constitution même du Comité, à la force numérique de chaque organisation ne répondait pas *une part proportionnelle* d'influence dans les délibérations. Quel qu'eût été le nombre de leurs mandats en décembre 1899, toutes se trouvaient sur un pied d'égalité.

Les huit commissaires désignés furent :

Pour les coopératives, le citoyen **Andrieux** ;

Pour les Fédérations autonomes, le citoyen **J.-B. Lavaud** ;

Pour la Fédération socialiste révolutionnaire, le citoyen **Pasquier** ;

Pour la Fédération des travailleurs socialistes, le citoyen **Boutié**, qui, dans les deux derniers jours, ayant quitté son organisation, fut remplacé tantôt par le citoyen **Picau**, tantôt par le citoyen **Patey** ;

Pour le Parti ouvrier français, le citoyen **Bracke**.

Pour le Parti ouvrier socialiste révolutionnaire, le citoyen **Albert Richard** ;

Pour le Parti socialiste révolutionnaire, le citoyen **Louis Dubreuilh**.

Pour les Syndicats, le citoyen **Semanaz**.

Désirant que le contrôle de la commission ne fût pas illusoire, le Bureau des Congrès, avant même qu'elle ne se fût réunie, proposa au Comité général la publication, par voie de la presse, d'une liste dressée par les secrétaires des Fédérations eux-mêmes et comprenant l'énumération de tous *les groupes qui se trouvaient dans les conditions requises pour déléguer un mandataire au Congrès*, qu'ils dussent ou non user de cette faculté. On pouvait ainsi compter sur la collaboration du parti tout entier pour présenter, à propos de l'existence et du fonctionnement des groupes, les observations et les objections qui pouvaient donner lieu à une enquête.

Ce procédé s'imposait d'autant plus que le temps réservé à la vérification des pouvoirs était fort restreint, et qu'il fut raccourci par une série de délais accordés pour le dépôt des mandats. Fixée d'abord au 5 septembre, la limite d'acceptation de ces mandats fut en effet reculée d'abord au 10, puis au 15. Et presque tous arrivèrent en bloc au dernier moment, de façon à abréger encore la période de vérification directe ; un certain nombre bénéficièrent même d'un délai supplémentaire de deux à trois jours.

Nous n'avons pas à juger la façon dont la commission s'acquitta de sa tâche ; elle a semblé avoir travaillé avec zèle et impartialité et, en somme, avoir fait de son mieux. Mais on peut dire que sans cet appel adressé aux militants de chaque région pour la renseigner, sa besogne de vérification, déjà fort difficile, eût été rendue à peu près illusoire, et que les mailles du filet, déjà fort lâches, auraient laissé passer d'emblée tout le fretin qui ne pénétra plus tard salle Wagram que par une série d'ingénieux escamotages.

Tout ceux qui ont, au moment de leur apparition, jeté un coup d'œil sur les listes communiquées par les organisations et fédérations elles-mêmes, se rappellent le caractère étrange que présentaient la plupart d'entre elles. Non seulement, par une négligence bizarre, qui ne plaidait pas en faveur de la bonne tenue des livres, des groupes se trouvaient portés deux fois sur une même liste (par exemple, Cercle de Bellevue de Marseille, liste de la F. S. R. nos 124 et 130), mais plus d'une centaine figuraient à la fois sur les listes de deux organisations. Prenons seulement, dans le XIII⁰ arrondissement de Paris, les groupes présentés par la F. S. R. et par la Fédération autonome de la Seine : Comité de la Gare (n⁰ 34 = n⁰ 25), Union socialiste de la Salpêtrière (n⁰ 36 = n⁰ 21), groupe d'études de la maison Blanche (n⁰ 39 = n⁰ 26), Parti ouvrier français indépendant (n⁰ 41 = n⁰ 27), groupe d'études sociales des travailleurs (n⁰ 42 = n⁰ 22), les Précurseurs égalitaires (n⁰ 43 = n⁰ 29) ; dans l'Indre-et-Loire, les groupes présentés par la F. S. R. et la F. T. S. : Tours, Comité central (n⁰ 1 = n⁰ 61), Dierré, Comité socialiste (n⁰ 37 = n⁰ 64) ; Amboise, Comité socialiste (n⁰ 17 = n⁰ 65), Syndicat des mouleurs (n⁰ 19 = n⁰ 67) ; Vouvray, Comité socialiste (n⁰ 32 = n⁰ 68) ; Monnaye, Comité socialiste (n⁰ 31 = n⁰ 69) ; Noizay, Comité socialiste (n⁰ 11 = n⁰ 70) ; Montlouis, Comité socialiste (n⁰ 4 = n⁰ 71), Libre-Pensée (n⁰ 3 = n⁰ 72) ; Ambillon, Comité socialiste (n⁰ 34 = n⁰ 73) ; Chançay (n⁰ 14 = n⁰ 74), Nazalh (n⁰ 5 = n⁰ 75) ; Pacé (n⁰ 7 = 76), etc., l'énumération serait trop longue. Ainsi les organisations à la mode de la « méthode nouvelle » ne savaient même pas quels comités elles pouvaient porter à leur actifs.

Il y avait là déjà de quoi attirer l'attention. Mais ce qui était plus extraordinaire encore, c'était la multiplication miraculeuse des groupes « poussant », selon l'expression du secrétaire de la Fédération des Bouches-du-Rhône (lettre au citoyen Dubreuilh, secrétaire de la commission de vérification), « comme des champignons. » Sans parler du Syndicat des omnibus, divisé en autant d'associations qu'il existe de dépôts des voitures dans Paris, on s'étonnait un peu de voir fructifier de la sorte des terrains demeurés jusque-là réfractaires à la propagande socialiste.

Il faut avouer que la Fédération autonome du Gard l'emportait de plusieurs longueurs sur toutes ses rivales pour ses facultés prolifiques. Dans un département qui, au Congrès de décembre 1899, était représenté par trente-trois mandats en tout, la Fédération nouvelle n'en indiquait pas moins de *cent trente-trois*, et cela, quand à côté d'elle existaient toujours les groupes du P. S. R. et ceux de la Fédération socialiste du P. O. F.

Des contestations s'élevèrent naturellement aussitôt. Les secrétaires du P. S. R. et du P. O. F., les citoyens Barbier et Hubert Rouger, s'accordaient à reconnaître l'existence de 26 groupes socialistes, à admettre, quoique avec doute, celle de 11 autres, enfin signalaient, avec preuves à l'appui, l'inscription de Comités radicaux-socialistes, ou même nationalistes. Sur les 102 mandats qu'elle reçut en tout, la commission dut faire une enquête sur 69.

L'histoire de la Fédération du Gard est d'ailleurs édifiante. Elle est née, le 31 décembre 1899, dans un Congrès tenu à Nîmes au café de l'Emancipation, et, ce qui n'est pas le moins curieux, elle est née d'une erreur. Le document suivant en fait foi. C'est le début de la circulaire d'invitation au Congrès baptismal du *31 décembre*.

CHERS CAMARADES,

Le Congrès général du Parti socialiste a décidé que pour pouvoir prendre part au Congrès national de 1900, il fallait que les fédérations autonomes soient constituées au 1er janvier prochain.

Il est donc nécessaire que tous les groupes socialistes du Gard étudient, etc...

On pensait donc que, non seulement pour l'existence des groupes, mais pour celle des Fédérations susceptibles de participer au Congrès de 1900, il serait fixé comme date limite le commencement de l'année. Il n'y avait ainsi pas de temps à perdre. Le couple ministériel Pastre-Devèze et leurs amis se disaient : « Occupons-nous toujours de la Fédération : les groupes auront leur tour ». Inutile de rappeler que cette appréhension se trouva fausse. Le Comité général fixa comme limite d'existence des Fédérations le 15 juillet 1900.

Mais c'est à ce raisonnement hâtif que l'on dut le phénomène, inconnu jusqu'ici, d'une Fédération naissant avant les éléments qui devaient la former. Bien entendu, la séance de constitution se passa en petit comité ; on n'avait pas demandé aux groupes d'envoyer des délégations, mais seulement des adhésions écrites. Le 31 décembre à minuit, le tour était joué. On se trouvait en possession du chapeau enchanté d'où, comme chez Robert Houdin, les groupes allaient pouvoir sortir à foison, tous datés du même jour. Car c'est là le plus fort peut-être. Il n'y a pas dix des soixante-neuf groupes contestés dont l'existence ait été prouvée par d'autres arguments que par leur adhésion au fameux Congrès du 31 décembre 1899, ou à celui du 7 janvier 1900 (Saint-Hippolyte-du-Fort). Comme on voit, on avait mis les Congrès doubles, tant on avait faim d' « unité ». Le fait est qu'auparavant la nichée de groupes devait vivre comme les enfants dans le ventre de leur mère et que, pareils à des nouveau-nés, il leur était impossible ensuite de sortir sans leur maman.

Faut-il faire remarquer après cela qu'un très grand nombre de ces soi-disant Comités envoyaient, par l'intermédiaire du citoyen Briand, des mandats timbrés au composteur et donnés sur une formule *écrite au polycopie*, assez différente de la formule d'invitation fournie par le Comité général ?

Fédération socialiste autonome du Gard

CONGRÈS NATIONAL DU PARTI SOCIALISTE

28, 29 *et* 30 *septembre*, *salle* Wagram, *à* Paris

Seuls pourront se faire représenter au Congrès général du parti, les groupements politiques ou économiques qui adhéreront par avance et par écrit :

1° Entente et action internationales des travailleurs ; organisation politique et économique du prolétariat en parti de classe pour la conquête du pouvoir et la socialisation des moyens de production et d'échange, c'est-à-dire la transformation de la société capitaliste en une société collectiviste ou communiste.

2° Aux résolutions du Congrès de décembre 1899.

Groupe ⎰ Groupe
ou Cercle ⎱ de la commune de

Le citoyen

a été désigné comme délégué au Congrès général des organisations socialistes des 28, 29 et 30 septembre, à Paris.

Pour l'adhésion du groupe et par ordre,
LE SECRÉTAIRE.

Faisons connaissance de plus près avec l'action de ces groupes « socialistes ». Voici le groupe de Roquemaure dont le *Petit Méridional* de Montpellier publie avec empressement les communications, avec le titre de « radical socialiste ». Sur le mandat, le mot « radical » est remplacé par « républicain ».

Extrait du *Petit Méridional* (6 septembre 1900) :

Roquemaure. — *Cercle radical-socialiste.* — La nouvelle commission, désireuse de repousser victorieusement les assauts de la coalition clérico-nationaliste contre nos institutions,

Invite les bons républicains à venir grossir les rangs des membres du cercle et les défenseurs de la république.

Le groupe de Beaucaire est indiqué comme nationaliste par des articles du *Combat social* (7 avril et 11 août 1900), avec la preuve que plusieurs de ses membres ont signé la protestation contre la laïcisation des hospices de Beaucaire ; bien mieux, il est correspondant du journal *le Petit Nationaliste du Midi* (19 mars 1899). Que penser du *Cercle du Réveil social de la Grand'Combe* ? On lit dans *le Petit Provençal* du 12 juin 1900 :

La Grand'Combe. — Les deux centres républicains de la Grand-Combe, *le Réveil social* et *la Chambrée gauloise*, unis dans un même sentiment de foi démocratique et d'espérance en l'avenir de la République, ont décidé de fêter d'un commun accord le 14 juillet par un banquet populaire. Tous ceux qui, dans la commune ou le canton, s'associent franchement à la politique de défense républicaine et laïque inaugurée par le ministère Waldeck-Rousseau-Millerand, sont invités à y participer.

C'est la lutte de classe entendue à la manière autonome. On peut voir également le Comité « de défense républicaine » d'Alzon qualifié de groupe « radical-socialiste » dans *le Petit Méridional* du 13 septembre.

Veut-on l'avis des socialistes du Gard ? Qu'on lise les pièces suivantes :

Quissac. — Les soussignés affirment qu'il n'y a pas de groupe socialiste à Quissac.

RIGAL TRUFFIER, L. PACOTMARIN.
Vu pour légalisation des signatures ci-dessus.
Le maire de Quissac,
(Suit la signature.)

1·

Durfort. — Les membres du groupe « l'Avenir socialiste de Durfort », adhérents au P. O. F. et à la Fédération socialiste du Gard, ont été fort surpris de lire dans la nomenclature des groupes de la Fédération autonome du Gard, parue dans *la Petite République*, qu'il y avait dans leur pays un autre groupe qui s'appelait « la Jeunesse socialiste ».

Ils protestent énergiquement contre de pareils procédés, qui non seulement trompent l'opinion publique, faussent les majorités et les décisions des Congrès, mais surtout découragent les militants qui font du socialisme parce qu'ils croient qu'il signifie justice, loyauté, honneur et fraternité, et qui finiront par penser qu'il deviendrait le symbole des intrigues, des duperies et de combinaisons politiques plus ou moins inavouables.

Ils disent qu'à leur connaissance, il n'y a à Durfort qu'un groupe qui s'appelle « l'Avenir social » et mettent au défi n'importe quel avocat le plus retors de prouver le contraire.

Pour le groupe et par ordre,
Le Secrétaire, CAUSSE.

AU DÉFI

Dans un des derniers numéros du *Combat Social*, mon excellent ami Barbier déclarait qu'il s'était étonné, à la lecture de la liste des groupes adhérents à la Fédération autonome du Gard, de la multiplicité prodigieuse des organisations socialistes du Gard. Etant complètement du même avis, et ne voulant m'occuper aujourd'hui que des groupes des deux cantons d'Alais, en laissant de côté même les cinq groupes d'Alais — où il n'a jamais existé de jeunesse collectiviste — je mets au défi le citoyen Serrière, secrétaire de la Fédération autonome, de me prouver l'existence des groupes des communes rurales desdits cantons portés sur la liste et qui sont :

Saint-Paul-Lacoste, Saint-Jean-du-Pin, Saint-Christol et Cendras, pour le canton ouest.

Saint-Martin-de-Valgalgues, Saint-Privat-des-Vieux, Saint-Julien-de-Valgalgues, Rousson, pour le canton est.

Je mets de nouveau au défi le bureau de cette Fédération de me montrer soit une note parue dans la presse, ou toute autre pièce pouvant prouver l'existence de ces groupes, qui n'ont jamais existé.

Et je demande une réponse pour contredire mes affirmations.

PEYRE E. H.,
Secrétaire de la Jeunesse socialiste d'Alais (P. O. F.).

Générargues. — Le Groupe d'Études socialistes du P. O. F. nous communique la lettre suivante :

Le groupe apprend par *la Petite République*, dans le numéro du 11 septembre, que de nouveaux groupes socialistes se sont formés dans les communes de Générargues et de Saint-Sébastien.

Mais, étant ignorant de leur existence jusqu'à ce jour, le groupe d'études de Montsauve serait très heureux de se mettre en relations avec ces divers groupes, afin de former une union socialiste.

De ce fait, nous invitons les nouveaux groupes à se rendre au siège du groupe de Montsauve, le 4 octobre, à 8 heures du soir. Si par ordre quelconque on ne pouvait se rendre à notre invitation, nous sommes prêts à nous rendre à l'endroit qu'ils voudront bien nous désigner.

Pour le Groupe, JOUANEN.

(*Combat social* du 29 septembre 1900.)

GROUPE D'ÉTUDES SOCIALES
de Montsauve
Commune de Générargues

Montsauve, le 12 septembre 1900.

CITOYEN MAZOYER,

Le Groupe d'études socialistes de Montsauve et Générargues proteste énergiquement, n'ayant jamais adhéré à la Fédération autonome du Gard, étant toujours resté sincèrement attaché, depuis sa fondation, au parti ouvrier français, Fédération du Gard.

N'ayant jamais reconnu un autre groupe socialiste dans la commune de Générargues, nous prions le secrétaire de la Fédération socialiste du Gard de protester auprès de la vérification du contrôle au Congrès.

De même, la commune de Saint-Sébastien n'a jamais eu un groupe organisé appartenant à aucune Fédération.

Pour le groupe et par ordre :

Le président : L. JOUANEN.

Lettre du citoyen Mazoyer, secrétaire général de la Fédération socialiste du Gard :

Le groupe des Plantiers n'a jamais adhéré au Parti socialiste, à sa doctrine ni à sa tactique. C'est un groupe radical.

MAZOYER.

CHER CITOYEN DUBREUILH,

Je trouve dans la liste des mandats admis au prochain Congrès le mandat du groupe républicain socialiste du 1er canton de Nimes.

Ayant fait partie de ce groupement jusqu'au jour où, faute d'adhérents, il a cessé d'exister, je suis fort surpris de le voir figurer dans la liste des groupes admis.

CLAUDE BARBIER,
Membre de la Jeunesse socialiste communiste de Nimes,
délégué au Congrès.

Le calcul des bons ministériels était bien simple. Ils n'avaient pas la prétention de faire avaler tous leurs groupes fictifs. Mais ils se disaient que le nombre extraordinaire des suspicions profiterait toujours à quelques-uns, et que dans la masse, la marchandise frelatée pourrait parfois passer pour acceptable. C'est pour cela qu'ils ne reculaient devant rien, pas même devant le ridicule de faire adhérer au Congrès deux groupes (un par hameau) dans les villages comptant en tout 538 habitants (Boisset-Gaujac, par exemple) ou 300 (Massillargues-Athuech), ou d'antidater la naissance de Comités connus pour être de fondation postérieure au 1er janvier 1900. Leur calcul n'était pas si mauvais, puisque la commission de vérification, bonne fille, ne fit passer aux réservés pour l'invalidation par le Congrès que 33 de leurs groupes. Peut-être d'ailleurs, prophètes perspicaces, comptaient-ils déjà que le pseudo-Congrès, défaisant tout le travail de la commission, saurait bien s'arranger pour compléter leur nombre. Ce qui arriva, nous le verrons.

Mais on avouera que, de si bonne composition — si j'ose ainsi parler — qu'elle pût être, la commission ne pouvait moins faire que d'écarter des groupes comme celui de la *Jeunesse socialiste* de Vézenobres, sur lequel elle avait le renseignement suivant :

Ce groupe a été fondé en mai 1900 pendant la période électorale des élections municipales.

MAZOYER.

Où comme le groupe d'études sociales d'Alais, dont le secrétaire fait cette déclaration :

Alais, le 21 septembre 1900.

CITOYEN SECRÉTAIRE,

Je réponds aux questions que vous m'avez posées : premièrement, notre groupe existe bien comme groupe socialiste depuis le 15 janvier 1900.

H. COUDEULEUX.

Ou encore comme le groupe socialiste du Savel (un des deux hameaux de Saint-Romans) :

Saint-Romans de Cadières, le 21 septembre 1900.

CITOYEN SECRÉTAIRE DUBREUILH,

En réponse à votre honorée du 16 septembre, je viens répondre aux questions que me pose votre circulaire :

1º Notre groupe n'existe que depuis le 31 mars 1900 ;

2º Depuis cette date, nous avons eu trois réunions au siège du hameau du Bouvet...

Recevez, etc.

FOURNIER.

On s'explique assez facilement pourquoi la formule polycopiée que nous avons donnée ci-dessus et qu'envoyaient les Comités du Gard ne contenait pas l'indication de leur date de fondation. C'était toujours un mensonge d'épargné.

Il serait fastidieux de rester toujours dans ce seul département, pourtant si fertile en choses étonnantes. D'autres régions nous appellent. Il faut pourtant mentionner le document suivant, qui porte sur le mandat électoral de la première circonscription de Nîmes (1898) :

Je soussigné, membre et secrétaire du Comité électoral François Fournier, affirme qu'il n'a été fait aucune convocation aux membres dudit Comité pour désigner le délégué qui devait représenter ledit Comité au Congrès national de septembre 1900 à Paris. J'affirme, en outre, n'avoir été prévenu par aucun membre de ce Comité *d'aucune façon* pour ladite convocation de délégation. Je mets au défi le Bureau fédéral autonome de prouver la validité de ce mandat, et je signe :

CLAUDE BARBIER.

Et si l'on veut avoir un bel exemple de l'amour de l'autonomie au sein de l'autonomie même, on le trouvera dans cet extrait d'une « Déclaration de principes » de *la Jeunesse d'études socialistes* (*sic*) de Nîmes.

Partant, le groupe se déclare indépendant d'esprit et de corps et refuse de s'affilier à toute secte, toute coterie électorale, à tout parti qui lui paraîtra prôner le principe d'autorité.

Mais, désirant absolument l'union du parti socialiste, la Jeunesse d'études socialistes déclare adhérer à toute fédération qui lui laissera la liberté d'agir et de penser sans contrôle.

Le mandat a été validé. Comment douter, en effet, de l'esprit d'organisation et de discipline d'une jeunesse si digne, malgré son âge tendre, de « s'unir » aux Devèze et aux Pastre, que la Commission de contrôle du Comité général, établie d'après les statuts votés unanimement au Congrès de décembre 1899, avait blessés dans tous leurs sentiments de dignité pendant dix mois entiers ?

Dernier renseignement. Le compte rendu du Congrès tenu au Vigan par la Fédération autonome du Gard, au mois de mai 1900, énumère 32 groupes présents et *mentionne les absents*, au nombre de 2. Total : 34 groupes.

La commission de vérification avait trouvé dans son œuvre une auxiliaire sur laquelle elle ne comptait pas : il s'agit de l'administration des postes, qui lui renvoya, avec la mention *destinataire inconnu*, bon nombre des lettres adressées aux secrétaires des groupes, pour demande de renseignements. De ces « retours », le Gard, comme il convient, avait sa bonne part (1). En voici quelques-uns :

Saint-Sébastien (Gard). — Secrétaire : Courdin.

Cannes-Clairan (Gard). — Secrétaire : Ravelplein.

Saint-Christol (Gard). — *Note du facteur* : Inconnu à Saint-Christol-les-Alais de secrétaire de groupe socialiste.

Gaujac (Gard). — Secrétaire : Jalagier.

Boisset (Gard). — Secrétaire : Lafont. — *Note du facteur* Nom commun à plusieurs destinataires ; il n'existe pas de groupe socialiste à Boisset et Gaujac par Anduze (Gard).

(1) Bien entendu, il n'est pas question ici des lettres retournées par suite d'une erreur d'adresse commise par des employés surchargés de besogne.

C'était là une vérification inattendue de contestations apportées par les militants socialistes du pays.

Continuons à puiser (sans l'épuiser) dans la liste des « retour à l'envoyeur », qui nous fera faire presque le tour de France.

Vaucluse, groupe Café Allioud. — Secrétaire : Zimmermann.
Vacqueyras (Vaucluse). — Secrétaire : Arnaud.
Cabrières (Vaucluse). — Secrétaire : Vieris.
Camaret (Vaucluse). — Secrétaire : Martin Auguste.
Marseille, Groupe communiste, 4, rue Belle-de-Mai. — Secrétaire : Pignatel. — (*Note de l'administration* : Il n'y a pas de n° 4 rue Belle-de-Mai).
Marseille. — Groupe la Cité, boulevard National.
— — l'Emancipation sociale révolutionnaire. — Secrétaire : Reboul.
— — l'Indépendante démocratie, 8, rue Serre. — Secrétaire : F. Boiron.
— — les Egalitaires de la 5° circonscription. — Secrétaire : M. Sauvant.
— — des Amis de l'instruction laïque, 19, quai de Rive-Neuve, rue Grignan — Secrétaire : Sere. — *Note* : Inconnu par le concierge.
— — de Jeunesse socialiste, 1, rue d'Alger.
— — l'Avenir révolutionnaire, rue Montée-Canale, 7. — *Note* : Inconnu à l'appe Marseille de la 1re, de la 2°, de la 3°, de la 4° brigade.
— — le Bonnet Rouge, 6, rue du Terrail. — *Note* : Inconnu à la rue du Terrail.
Emmerin (Nord). — Syndicat des ouvriers tisserands.
Aubervilliers (Seine). — Secrétaire : Rebuchon.
Saint-Remy-les-Chevreuse (S.-et-O.). — Secrétaire : Poisson.

On va retrouver quelques-uns de ces groupes dans notre petite revue, bien incomplète, des fraudes et ruses diverses employées par les indépendants, les autonomes et consorts, pour se faire une majorité ministérielle, coûte que coûte, dans ce qui aurait dû être le Congrès socialiste de la salle Wagram.

Comme on peut le supposer a *priori*, des groupes qui n'existent pas seraient assez gênés d'aller adhérer d'eux-mêmes à un Congrès, dût-il être aussi incohérent que possible. Tous les tours de force peuvent s'admettre, excepté celui-là. De même qu'entre les esprits des hommes qui ne vivent plus et le monde où nous sommes la communication se fait par des mediums, de même des mediums complaisants (et désintéressés ?) se chargèrent d'établir des relations entre la rue Portefoin et des groupes qui ne vivaient pas encore.

Ces émissaires bien pensants se livraient sans vergogne à la « retape » pour le compte de la future majorité Wagram. Donnons-nous le plaisir de les prendre la main dans le sac à malices.

Deux lettres du citoyen Plais, écrites sur le papier à en-tête de l'*Imprimerie du Progrès* de Tours, sont adressées au citoyen Aristide Briand.

On lit dans la première (sans date) :

Afin d'éviter tout retard, je vous prie de faire faire les cachets pour les comités ci-dessous :

Suivent 35 noms de communes des départements d'Indre-et-Loire et du Cher, figurant pour la plupart soit sur la liste de la F. T. S., soit sur celle de la F. S. R., soit sur les deux listes à la fois.

Deux sûretés valent mieux qu'une, et plus un groupe est fictif, moins il est à craindre qu'il proteste contre son adhésion forcée à une organisation plutôt qu'à une autre.

Seconde lettre du même au même :

Je vous envoie ci-joint des mandats ; je vous en enverrai d'autres demain ; il vous en sera également adressé directement. S'il était possible d'avoir encore une dizaine de jours pour envoyer des adhésions, il serait possible d'en trouver encore un certain nombre.

Voici la nomenclature des groupes qui seront représentés au Congrès et le nom des délégués qui représenteront ces groupes. Pour les mandats qui vous parviendront sans nom de délégués, vous y pourvoirait (*sic*).

(Suit la liste.)

Chinon. — Le citoyen Maurice Viollette, secrétaire de Millerand, ex-candidat à Chinon, s'est occupé de cette circonscription.

... Je vous ferai parvenir demain d'autres mandats. Tous

ces groupes voteront avec les partisans de l'Union socialiste et de la participation de socialistes dans les ministères futurs, s'il y a lieu.

Cordiales salutations.

L. PLAIS.

Cette lettre est datée, elle, du 3 septembre 1899.

Date impossible : 1° parce qu'en *septembre* 1899, il ne pouvait être question, pour le *Congrès de décembre,* d'obtenir une prolongation des délais, pareille à celle que le Comité général a accordée plusieurs fois, sur la demande de Briand et de ses amis ; 2° parce qu'en 1899, le département d'Indre-et-Loire n'a été représenté que par un petit nombre de groupes (14).

Autres sergents racoleurs, signalés par un des vieux militants socialistes du Cher.

Bourges. 13 septembre 1900.

CHER CITOYEN DUBREUILH,

Je vois dans *la Petite République* d'hier, portant la date d'aujourd'hui jeudi 13 septembre, que l'ex-confédération des indépendants fait figurer dans la liste de ses groupements, sous les numéros 203, 204, 205, 206 (1), 207, comme groupes socialistes et organisés.

Je dois et crois devoir vous prévenir que si ces groupes sont formés, ce n'est qu'en raison de la circonstance, car nous, Fédération socialiste du Cher, nous n'en avons jamais entendu parler.

Moi personnellement, j'ai lu dans *la Petite République*, et j'ai su par notre ami Apied de Banay, (Cher), que des gens, je peux bien vous les nommer, comme Herpin et Surier, se fabriquent des mandats et au besoin se font faire des cachets au nom de groupes qui n'existent que sur le papier ou dans leur cervelle.

Pour la Fédération socialiste du Cher,
Pour le Comité de Bourges,

JEAN COTAN,
6, rue Bourbonnoux.

Ce n'est pas le seul « tuyau » qu'on ait eu rue Portefoin sur le Herpin en question. La lettre suivante, datée de

(1) Aucun mandat de ce groupe n'est parvenu au Congrès.

1***

Châteauneuf (Nièvre), le 17 septembre 1900, est adressée :
« Aux Membres de la commission de vérification des mandats
pour le Congrès national de 1900. » ·

CITOYENS;

Usant de notre droit de militants socialistes, nous tenons à
vous faire connaître les faits suivants. Les syndicats de bûcherons et de charbonniers de Jussy-le-Chaudrier (Cher) ont délégué
un certain Herpin pour les représenter au Congrès.

Loin de nous la pensée de contester le droit à ces syndicats
de se faire représenter au Congrès ; mais c'est le choix du délégué lui-même qui va faire l'objet de cette protestation.

Le sieur Herpin, quoique habitant le Cher, fait surtout de la
politique dans l'arrondissement de Cosne, au profit du député
fumiste Goujat. Il va de soi que le M. Herpin en question
déverse la calomnie à jet continu sur les militants de la Fédération socialiste de la Nièvre, qui renferme dans son sein tous
les socialistes organisés de notre département. Pourquoi le
sieur Herpin a-t-il tenu à se faire mandater au Congrès ? Tout
simplement pour pouvoir dire : « On me conteste le titre de socialiste ; voyez cependant : je suis délégué au Congrès. »

Il est entendu que le Monsieur en question a eu soin de se
faire mandater par des syndicats du Cher, où sans doute ses
procédés ne sont pas suffisamment connus. Dans la Nièvre,
Herpin est démasqué depuis longtemps.

C'est de cette façon qu'un certain nombre de politiciens extor-
quent des mandats, portant ainsi le plus grand dommage à la
propagande socialiste dans les campagnes. En période électorale, ces hommes à tout faire du parti radical se posent en socialistes et nous combattent par des procédés ignobles.

Au Congrès tenu à Nevers par la Fédération socialiste de la
Nièvre, le 2 septembre dernier, il a été décidé que le secrétaire
général enverrait une protestation à ce sujet.

La lettre est signée : E. Bordereau, secrétaire, ancien secrétaire du groupe socialiste révolutionnaire des originaires de
la Nièvre à Paris.

Pour faire pendant, donnons une lettre qui complète les
renseignements sur les associés du citoyen Viollette, Christ
entre les deux larrons.

Tours, le 21 septembre 1900.

Le bureau de la Libre-Pensée de Tours déclare n'avoir donné
mandat à personne pour le représenter au Congrès des orga-

nisations socialistes, la Libre-Pensée se tenant purement sur le terrain anti-clérical.

Le bureau a bien reçu une demande de représentation que lui a adressée le sieur Plais, dont la moralité politique est plus que douteuse, mais il n'a pas cru devoir y répondre par la raison ci dessus énoncée.

Veuillez agréer, cher citoyen, nos meilleures salutations.

Pour le bureau,
Le Président ; BORMESEE.

Les départements du Cher et d'Indre-et-Loire appartiennent donc à ces contrées méconnues où des Pompées ingénieux, rien qu'en frappant du pied la terre, en font sortir des légions de groupes socialistes, dût cette moisson instantanée humilier un peu les dévoués qui ont dépensé des années d'efforts à tâcher d'organiser le prolétariat en fédération.

Ce sont là pays de féerie, où, comme la plume au vent, souvent groupe varie. Qu'on en juge par deux extraits de lettres écrites sur un même papier bleu, portant même entête imprimé : L. AZAMBOURG, *Assurances.*

Blancafort (Cher), 20 septembre 1900.

Messieurs,

En réponse à votre circulaire de ce matin, j'ai l'honneur de vous informer qu'à mon grand regret, je ne peux répondre aux questions que vous me posez, et pour cause : c'est qu'à Blancafort, il n'y a pas moyen de se réunir en comité.

Léon AZAMBOURG.

A deux jours de distance :

Blancafort (Cher), 22 septembre 1900.

Citoyen Secrétaire,

Nous vous informons que notre groupe est socialiste. Il a été fondé en 1898, en vue des élections législatives. Les réunions sont mensuelles et régulières. Elles ont lieu au siège social, chez le citoyen Azambourg, Secrétaire.

Léon AZAMBOURG.

Des gens mal informés en géographie placent le chemin de Damas en Syrie. Saint Paul-Azambourg nous apprend que, du moins le 21 septembre, il se trouvait au centre de la France, dans le département du Cher.

Indre-et-Loire n'est pas moins fortuné. Interrogeons le secrétaire de la Fédération socialiste révolutionnaire ; il écrit :

Tours, le 13 septembre 1900.

Au Citoyen Dubreuilh.
Secrétaire du Comité général.

En ce qui concerne le département d'Indre-et-Loire, il y a une fumisterie dont nous tenons à protester de toutes nos forces.

Suit une liste de 31 groupes, d'Amboise, Dierré, Montlouis, Vouvray, Noisay, Montreuil, etc., que le signataire, socialiste bien connu, déclare tous fictifs,

Sauf : 1° Comité socialiste et syndical des mouleurs d'Amboise ; 2° Comité socialiste et syndicat des tanneurs de Château-Renault.

Il ajoute :

Le syndicat départemental des bûcherons, divisé en sections, est signalé sur la liste ; mais, en réalité, ce n'est qu'un syndicat unique.

Nous reconnaissons l'existence de la Libre-Pensée d'Amboise, dont le président est un nommé Mabille, maire radical-opportuniste.

Tours, Libre-Pensée peu viable, qui ne prend aucune part à l'action politique et dont, en 1893, la grande majorité de ses membres se vendit à Drake del Castillo, archi-millionnaire et méliniste.

... Le côté le plus important pour le Congrès, c'est de savoir que pas un de ces comités ci dessus n'a poursuivi et appliqué les principes fondamentaux du parti socialiste. Pour s'en convaincre, il n'y a qu'à demander aux délégués qui représenteront ces groupes les affiches et circulaires qui leur ont servi aux dernières élections municipales.

(Comité central de la Fédération révolutionnaire socialiste du département d'Indre-et-Loire.)

Pour la Fédération et par ordre :
Le Secrétaire : DESQUIDT.

Une lettre touchante dans sa sincérité est celle qu'on va lire.

Chisseaux, le 19 septembre 1900.

CHER CITOYEN,

Je réponds immédiatement à votre questionnaire :

1° Il n'existe aucun groupe socialiste dans la commune de Chisseaux, vu le peu d'importance de cette dernière, 675 habitants. Cependant le parti socialiste va toujours en progressant.

2° Les réunions ont lieu à Bléré, chef-lieu de canton, où tous les délégués se trouvent et se rencontrent les jours de foire ou marchés. Il y a dans chaque commune de ce canton un délégué par commune à l'approche des élections législatives, et vous avez dû voir aux élections dernières le progrès de notre parti, d'après les voix qu'a eues le citoyen Martinet.

L'organisation manque encore un peu dans nos contrées et un groupe y serait très utile.

Bien à vous et à la cause,   G. THÉNOT.

Autour du groupe « cantonal » de Bléré, les magiciens de la F. T. S. et de la F. S. R. n'ont pas su faire pousser moins de six groupes, composés chacun sans doute du « délégué par commune à l'approche des élections » : Chisseaux, Athis, Azay, Cère, Civray, Dierré. On sut d'ailleurs, dans ces régions épineuses, opérer un savant partage des groupes discutables. Si la F. S. R. des Indépendants avait Tours, Loches, Chinon, Nozelles, Amboise, Vouvray, Montlouis, Blancafort (Cher) (tous compris dans la combinaison Briand-Viollette-Plais), la F. T. S. s'enorgueillit de Langeais, Ouzouer et autres lieux.

Force est bien de reconnaître, d'ailleurs, qu'en bonne justice. ces groupes-là avaient tout autant de droits de figurer au Congrès que ceux de Vaucluse que nous allons voir en passant. Consultons, sur le groupe de Bedoin, le secrétaire lui-même ; il nous répond :

Bedoin, le 24 *septembre* 1900.

Au Comité général du Parti socialiste, 18, rue Portefoin, Paris.

MESSIEURS,

J'ai l'honneur de vous faire connaître que ce n'est pas un groupe constitué, mais bien un cercle que nous avons sous la dénomination de Cercle républicain socialiste.

Le Secrétaire du Cercle,
CLOYS GERMAIN.

Consultons, pour plus de sûreté, les statuts du Cercle.

Art. 1ᵉʳ. — Le Cercle républicain socialiste, constitué dans un local indépendant du café Peyre, a pour but de resserrer les liens de franche amitié et de cordiale sympathie qui doivent unir les habitants d'une même cité, *à quelque parti qu'ils appartiennent.*

Art. 2. — Nul ne peut faire partie du Cercle s'il n'est pas Français et majeur.

Art. 17. — Toute discussion politique et religieuse est rigoureusement interdite.

Art. 18. — Tout jeu de hasard est formellement interdit. Sont défendus notamment le baccara, le lansquenet..., le pharaon, le passe-dix et autres similaires, etc.

Le secrétaire Nicolaud du cercle de Malaucène écrit ceci (23 septembre 1900) :

Le cercle socialiste de Malaucène existe *depuis le* 1ᵉʳ *janvier* 1900 avec autorisation voulue, dans une salle du café Casino Thomas donnant sur le cours, avec enseigne : Cercle socialiste.

Et il envoie comme preuve à l'appui la convocation suivante :

<table>
<tr><td>VILLE
DE
MALAUCÈNE.
——</td><td>RÉPUBLIQUE FRANÇAISE
————

Le   189</td></tr>
</table>

M.

Vous êtes prié de vouloir bien assister à la réunion qui aura lieu au siège du Comité républicain-radical

        le   à

heures du

Recevez, etc...

LE PRÉSIDENT.

OBJET DE LA CONVOCATION :

Les mots « républicain-radical » sont rayés et remplacés à la main par le mot « socialiste ».

Un mandat du groupe de Rove (Bouches-du-Rhône) avait été envoyé par la F. S. R. des Indépendants. La lettre qui suit dit ce qu'il vaut :

Le Rove, le 28 septembre 1900.

CITOYENS,

J'avais pensé que le soi-disant secrétaire du groupe socialiste du Rove aurait fini, ne fût-ce que par convenance, par vous faire connaitre l'exacte vérité. Mais, voyant qu'il n'en est rien, je me permets de répondre à sa place à votre dernière lettre. Je résumerai ma réponse aux questions en une seule, et elle sera quand même très claire : *il n'existe dans notre pays aucun groupe socialiste* ; et si M. Léger a été désigné par le soi-disant groupe comme délégué au Congrès, c'est M. Goiran Audiffier, adjoint d'un maire clérical, tout seul, qui doit s'être permis cela sans même en parler à aucun des rares socialistes du pays.

Votre serviteur,
ARBAUD, café du Rove.

Du même tonneau :

Marseille, le 20 septembre 1900.

Groupe de l'Union socialiste de Saint-Just.

CITOYEN SECRÉTAIRE,

Nous répondons à la lettre de convocation que vous avez bien voulu nous envoyer. Nous portons à votre connaissance que le groupe n'existant que *depuis le mois de juin* 1900, nous ne pouvons participer au Congrès général de Paris.

Pour le groupe et par ordre,

Le Secrétaire général,
OLIVE MARIUS.

Le délégué central,
V. PIGATY.

Le groupe de Saint-Just, de la F. S. R. des Indépendants, a été validé.

Plus nous changeons de département, plus c'est la même chose, comme dit le proverbe. Ne nous lassons cependant pas de donner des pièces. Elles ne manquent pas ; c'est l'espace qui fait défaut. Allons du Midi provençal au Midi Roussillonnais.

La Fédération socialiste des Pyrénées-Orientales, fondée le 21 juillet 1895, réunie le dimanche 16 septembre 1900,

Considérant la formation toute récente (27 janvier 1900), en quelque sorte d'occasion, du groupe dit l'*Union socialiste* de Perpignan;

Considérant que le citoyen Sartre et la plupart des éléments de ce groupe ont, en 1898, combattu à outrance la candidature socialiste du citoyen Justin Alavaill, présentée par la Fédération départementale;

Considérant aussi que ces mêmes membres ont en outre soutenu dès le premier tour la candidature radicale de M. Rolland, soit en faisant partie de son Comité électoral, soit en prenant la parole dans les réunions publiques contre le candidat socialiste ;

Considérant aussi qu'aux élections municipales dernières (1900), le groupe dit l'*Union socialiste* n'a tenu aucun compte des décisions du Comité général en ce qui concerne l'affirmation publique et l'affichage des principes socialistes;

Considérant que non seulement ladite décision n'a pas été observée par ce groupe, mais qu'il a fait alliance dès le premier tour, et sans donner une liste exclusivement socialiste, avec le parti radical, ne se différenciant en rien de cet élément bourgeois ;

... Proteste contre la demande d'admission au Congrès national du groupe dit l'*Union socialiste* de Perpignan et en demande l'exclusion.

Le Président de séance : M. VERGÈS.
Le Secrétaire adjoint : J. PATROUIX.

Une lettre analogue est signée par le citoyen François Sisqué (15 septembre 1900), au nom du groupe de Rivesaltes. Le même (20 septembre) protestait par une lettre au citoyen Orry contre l'inscription sur les listes de la F. S. R. de son groupe resté fidèle au P. O. F.

Les quatre points cardinaux nous offrent les mêmes procédés de tricherie, les mêmes faux, les mêmes mensonges.

Le mandat du groupe de Lempdes (Haute-Loire), communiqué par le citoyen Parassols, donne comme date de sa fondation le 19 septembre 1899. Or, interrogé par le Comité général, le secrétaire Saffy répond honnêtement et naïvement que le groupe existe depuis les élections de 1900.

Même chanson, même refrain dans le Rhône, avec plus d'audace encore peut-être. Car, d'une délibération du Comité général, il résulte que le groupe dit de l'*Alliance socialiste* n'a fait adhésion à la F. S. R. que le 20 juin 1900, pour permettre au citoyen Colliard et Viviani d'assister, sans se déshonorer, au banquet offert le 23 ; qu'aux élections municipales du mois de mai, il combattait la liste de concentration socialiste révolutionnaire, qui réunissait des candidats

présentés par les groupes du Parti socialiste révolutionnaire,
du Parti ouvrier français et de la Confédération des Indépendants. A supposer donc la conversion du groupe sincère,
elle serait toujours postérieure au 1er janvier de cette année;
auparavant le groupe était radical. C'est ce que disent, au
nom des groupes du troisième arrondissement de Lyon, les
citoyens Terrade et Douchet, et ils ajoutent :

Nous mettons au défi quiconque de trouver une affirmation,
si infime soit-elle, de socialisme faite par ces groupes Alliance
socialiste et Comité des forces républicaines socialistes.

Le deuxième arrondissement n'est pas moins net :

Nous protestons contre la présence au Congrès général d'un
Comité indépendant du 2" arrondissement, car il n'a jamais
existé et est complètement inconnu; soit comme propagande ou
affirmation.

Le Secrétaire : CUZIN.

Serons-nous plus heureux dans le premier ?

Dans le premier arrondissement, depuis un grand nombre
d'années, il n'a été fait d'affirmation socialiste que par le
groupe du P. O. F., qui présentait encore aux élections municipales dernières une liste entière sans aucune alliance.

Ce n'est que depuis un mois seulement que nous avons vu
venir au monde un groupe indépendant.

En raison de ces faits, nous tenons à vous les signaler, de
façon à ce que vous preniez les mesures nécessaires.

Pour le groupe :
B. PERONIN.
Le Secrétaire : BATOUD.

Encore un document :

24 septembre 1900.

Je conteste absolument le mandat du groupe socialiste de
Vichy (Allier) pour les raisons suivantes :

1° Ce groupe n'est pas constitué, et s'il l'était, il ne pourrait
dater que du mois d'août 1900, après une conférence faite à la
fédération des syndicats par le citoyen Dr Meslier ;

2° Si ce groupe existait, il n'aurait pas le droit de se faire représenter isolément au Congrès, puisqu'il existe dans l'Allier
deux fédérations appartenant au P. O. F. et au P. S. R.

CONSTANS, maire de Montluçon.

Le citoyen Gaumet, porté comme secrétaire, n'est connu par personne comme socialiste, mais radical marchant avec Lassegras, maire de Vichy.

Autre groupe indépendant, celui de Chartres.

Chartres, le 17 septembre 1900.

Je trouve, dans la liste des groupements adhérents à la Fédération socialiste révolutionnaire (ex-confédération des Indépendants) le groupe socialiste indépendant de Chartres.

Ce groupe n'a droit à aucun délégué au Congrès général. Il n'a fait jusqu'ici aucune action socialiste.

De plus, il ne s'est constitué qu'après les élections municipales dernières ; son existence n'est ainsi pas antérieure au mois de mai 1900.

DARY.

(Suivent d'autres protestations.)

Ce sont là peut-être des « trucs » bons pour la province éloignée du centre. On n'en ferait pas autant dans la capitale. Rapprochons-nous donc de la Seine. Brunoy est en Seine-et-Oise.

23 septembre 1900.

Le groupe d'études sociales de Brunoy proteste contre le mandat donné à un citoyen pour les voix obtenues par le citoyen Delamarre aux élections législatives en 1898, 2ᵉ arrondissement de Corbeil. Les groupes ayant pris part à la lutte — et le nôtre était un des premiers, par son activité et sa propagande socialiste — n'ont pas été convoqués afin de nommer ce mandataire.

Je tiens des affiches à la disposition de la commission de vérification, afin de lui bien prouver que nous avons lutté à cette époque avec le groupe d'Athis-Mons et les autres.

Nous attestons qu'aucun des autres groupes n'a été convoqué et que le citoyen s'est mandaté tout seul.

Pénétrons dans la Seine. A Bagnolet, patrie d'un aveugle célèbre, la cécité du groupe socialiste indépendant va jusqu'à ne pouvoir lire les circulaires et les formules du Comité général. Le groupe adhérent au P. S. R. nous en avertit :

Bagnolet, le 16 septembre 1900.

Nous ne connaissons à Bagnolet qu'un seul groupement socialiste indépendant, et ce groupe n'a été formé qu'en mars 1900, en vue de la campagne municipale. N'étant pas dans les conditions requises pour être admis, nous demandons qu'il ne puisse pas prendre part aux travaux du Congrès.

Le Secrétaire : R. BERTON.

Et si l'on n'en croyait pas le P. S. R., suspect peut-être de combattre un adversaire, on en croira du moins le trésorier du groupe lui-même, le citoyen Jacob, qui signe entre les mains du citoyen Boutié une déclaration constatant qne « le groupe a été fondé en vue des élections municipales de 1900. »

Paris marche toujours en tête de la civilisation. Il ne se contente pas de faire naître subitement des groupes inconnus aux yeux les plus exercés : il fait revivre les morts. Cette résurrection a lieu dans le IVe arrondissement au profit de la F. S. R.

Paris, 14 septembre 1900.

CAMARADE,

Le groupe collectiviste du IVe arrondissement (P. O. F.) vous fait savoir que le Comité central républicain socialiste, groupe qui porte le no 3 dans la Fédération des socialistes révolutionnaires, ex-confédération des Indépendants, n'existait plus depuis le dernier Congrès et ne s'est reconstitué qu'au mois dernier. Nous avons sur ce groupe le témoignage d'un indépendant assez marquant.

Le Secrétaire : SAGNES FERNAND.

Elle a lieu dans le XXe arrondissement au profit de la F. T. S.

Paris, 18 septembre 1900.

CITOYENS,

Le Cercle collectiviste du XXe arrondissement de Paris, après examen, déclare à la commission de vérification des mandats que le groupe de Saint-Fargeau de la Fédération des travailleurs socialistes de France est un groupe qui n'existe pas.

Dans une réunion que nous avons eue en commun avec les groupes des partis socialistes révolutionnaires et ouvriers socialistes révolutionnaires, et Alliance communiste, un délégué, habitant un autre quartier de ce soi-disant groupe, s'étant présenté, a été évincé par les quatre groupes du XXe comme n'ayant aucun droit de représenter un groupe qui n'existe plus depuis cinq années.

Le Secrétaire : BLANC.

Elle a lieu dans le XVIIIe arrondissement au profit du P. O. S. R.

Nous, soussignés, déclarons que le groupe le Réveil de la Chapelle-Goutte-d'Or n'existe plus, que la dissolution dudit groupe a été déclarée officiellement à l'Union fédérative du Centre. Nous protestons donc contre le maintien de ce groupe par le Comité général.

BESSON, de la Goutte-d'Or. Paul ACHERY, de la Chapelle.

A cettedéclaration de décès vient se joindre l'extrait mortuaire suivant :

Parti ouvrier socialiste révolutionnaire. — Fédération
du Centre.
Le Réveil de la Chapelle et Goutte-d'Or. — Cercle d'études
sociales.
Réunion extraordinaire
Le jeudi 23 août, salle Rogé, rue Ordener, 18.

ORDRE DU JOUR :
Dissolution du groupe. — Reddition des comptes.
Salut fraternel.

Le Secrétaire : ALZAUT.

Urgence.

Mais le Lazare de la Goutte-d'Or est sorti du tombeau pour être finalement validé.

Seuls les groupes des organisations qui en juillet 1899 signaient ensemble le fameux Manifeste sont dépourvus de ce pouvoir de rendre la vie aux défunts. Enfoncés dans l'ancienne méthode, les « pontifes » décidément ne sont pas initiés aux secrets de la sorcellerie moderne.

Un autre procédé, non moins inédit, de fructification des Comités est celui de reproduction par segmentation. Qu'un groupe se divise en quatre ou en huit, les morceaux en sont toujours bons, tant est grande leur vitalité. Et la maison-mère, d'ailleurs, continue de prospérer au milieu de ses succursales. C'est ainsi qu'à côté de *l'Union Républicaine socialiste* du Ve arrondissement, les sections des rues de Poissy, Saint-Jacques, des Bernardins, Boutebrie, Rollin, des Boulangers, Cujas, de la même Union, se font représenter au Congrès, ne formant d'ailleurs qu'un faible appoint dans l'admirableabondance des groupes nouveaux du V°. Voici en quels termes protestent les socialistes :

Paris, le 11 septembre 1900.

En ce qui concerne les sections de l'Union républicaine socialiste (Comité Viviani), si elles ont jamais existé, ce ne peut être, en tout cas, que depuis une date postérieure au 1er janvier dernier. Elles n'ont donc pas droit à un mandat.

Le groupe « Union socialiste du travail » n'a jamais existé.

Le groupe « Jeunesse socialiste du Val-de-Grâce » n'existe plus. Un appel a été fait dernièrement pour constituer un nouveau groupe de Jeunesse indépendante, et si l'appel a réussi, ce nouveau groupe a à peine un mois d'existence et ne peut être mandaté.

Le groupe « Unité socialiste du Val-de-Grâce » n'existe pas. S'il existait, ce ne pourrait être que depuis les élections municipales dernières, et il ne peut avoir un mandat.

Nous demandons, en conséquence, au Comité général de n'admettre au Congrès que les groupes du V° arrondissement ayant participé au Congrès précédent. Les faits et l'équité ne permettent pas qu'il en soit autrement.

P. Marius ANDRÉ,
Secrétaire du groupe du P. O. F. de la 2° Circonscription
du Val-de-Grace, 6, boulevard Port-Royal, Paris.

Une merveille plus grande encore est le sectionnement fictif d'un groupe fictif lui-même : on peut la voir au XV° arrondissement.

Le groupe central collectiviste du XV°, adhérent à l'Agglomération parisienne du parti ouvrier français, proteste contre l'admission éventuelle au Congrès général d'un groupement fictif, le soi-disant *Comité d'Union républicaine socialiste du XVe arrondissement de Paris*, présenté par la « Fédération socialiste révolutionnaire », ancienne « Confédération des Indépendants ».

Ni à l'état de sections de quartiers, ni comme groupement central du XV° arrondissement, ledit Comité n'a jamais manifesté son existence par une action quelconque, électorale ou autre ; il ne s'est même jamais réuni.

Pour le groupe et par ordre:
Le Secrétaire : E. VINCIGUERRA.

Auprès de ces fraudes à quadruple et à septuple fond, on trouve bien faibles les ficelles, dignes de la province, d'autres groupes parisiens qui tâchent tout bêtement de se faire accorder un mandat unique.

C'est le cas du pauvre *groupe socialiste révolutionnaire* de Grenelle (adhérent, toujours, à la F. S. R.). Il faut que la protestation se fasse double et triple pour qu'on songe à y accorder quelque attention.

Considérant... que le secrétaire de ce Comité électoral en formation ayant demandé à participer à la fête de la Commune organisée en commun par tous les groupements socialistes du XVe, les délégués mandatés à cet effet à la réunion préparatoire du lundi 5 mars 1900, 6, pourtour du théâtre, refusèrent *à l'unanimité* de prendre en considération cette demande émanant d'un groupe dont l'existence se révélait pour la première fois à tous. Nous invoquons, à ce sujet, le témoignage des citoyens Léon Martin, du Parti socialiste révolutionnaire, et Ripault, du Parti ouvrier socialiste révolutionnaire, qui représentaient leurs organisations respectives à cette réunion, à laquelle d'ailleurs tous les groupements socialistes du XVe alors existants avaient été invités.

E. VINCIGUERRA,

De l'Union socialiste du 6e arrondissement (P O. S. R. et P. S. R.)

Citoyen Dubreuilh,

L'Union socialiste du XVe arrondissement proteste contre la représentation au Congrès socialiste des deux groupes : Comité socialiste municipal du quartier de la Monnaie et Les travailleurs socialistes du VIe. Ces groupes, qui se sont fait représenter au Congrès de 1899, ont depuis patronné aux élections municipales de mai dernier le candidat Paul Bernier et ont refusé de faire la déclaration socialiste acclamée au dernier Congrès et imposée par le Comité général: ces deux groupes n'existent plus.

Nos deux groupes protestent contre cette manière d'agir qui consiste à vouloir majorer le prochain Congrès et à faire dévier la politique socialiste révolutionnaire.

Le Secrétaire général : A. DELACOUR.

Cette dernière phrase résume fort bien le but poursuivi par les radicaux et pseudo-socialistes. Mais ils y marchaient avec assurance, persuadés à juste titre que l'entrée au Congrès ne pouvait leur être fermée : si la commission du C. G. les évinçait, le Congrès même s'arrangerait pour leur rouvrir la porte. Ainsi tout travail de vérification était vain, et clairvoyants ou aveugles, les membres de la commission devaient être également dupes.

Ce choix d'exemples est suffisant sans doute pour montrer l'autorité des mandats représentés salle Wagram. On ne nous accusera pas d'avoir mis du nôtre dans cette écœurante revue. Non contents de parler d'après les documents, nous avons fait parler les documents eux-mêmes. L'art de préparer un Congrès ministériel et de se faire une majorité en pêchant partout, dans le radicalisme ou dans l'opportunisme, des mandats de toute sorte, ou, faute de mieux, en les inventant, cet art utile serait suffisamment connu, s'il ne restait à mentionner la part faite à l'élément syndical.

Un coup d'œil rapide sur la liste des syndicats qui se faisaient — ou que l'on faisait — représenter au Congrès laisse voir que, si l'on excepte les syndicats de Paris, qui ne sont qu'une faible minorité des groupements corporatifs parisiens, le plus grand nombre appartiennent à des régions de France où l'action socialiste ne s'est jamais fait sentir, où même le développement de l'industrie n'a pas encore créé pour le socialisme un terrain où il puisse grandir. Dans les départements industriels, les syndiqués que la force des choses pousse à joindre à la défense de leurs intérêts professionnels la lutte économique et politique contre la classe patronale tout entière, ou sont entrés individuellement dans les groupes socialistes ou ont adhéré en masse aux organisations régionales et nationales. Au lieu que c'est la Bretagne, c'est la Vendée (1) qui sont censées envoyer directement au Congrès des représentants de syndicats « socialistes ». C'est dans des pays où la conscience de classe existe à peine qu'on a recruté, par tous les moyens, des délégations dont on pût faire l'usage qu'on voudrait.

Ces syndicats si révolutionnaires, pure expression du prolétariat socialiste, où les prend-on ? Autour de Cholet, par

(1) Maine-et-Loire fournit 27 syndicats, l'Aisne en fournit 7.

exemple, dans les Deux-Sèvres, dans Maine-et-Loire (Saint-Macaire, Tout-le-Monde, Gesté, Saint-Malo-du-Bois, Maulevrier, La Tour-Landry, May-sur-Esvre), dans la Vendée, en plein pays chouan (Saint-Laurent-sur-Sène, Saint-Philibert-en-Mauges), dans des pays où, en temps d'élection, toutes les voix sont acquises aux royalistes. Veut-on se rendre compte de la différence qu'il y a des localités où existent des groupes socialistes à celles où habitent ces fameux syndicats révolutionnaires ? Prenons seulement la circonscription de Bressuire et les résultats des élections législatives de 1898 : Bressuire même (groupe du P. O. F.) donne 423 voix au collectiviste Quillet, contre 334 au réactionnaire Savary de Beauregard ; Thouars (groupe du P. O. F.) donne 626 voix à Quillet contre 185 à Savary. A côté, à une dizaine de kilomètres, plaçons les sièges des syndicats de tisseurs : Le Temple, 20 voix à Quillet, 47 à Savary ; Moulins, 6 voix à Quillet, 167 à Savary ; Saint-André-sur-Sène, 2 voix à Quillet, 225 à Savary. Ni 2 ni 6 socialistes ne formeront sans doute la majorité des syndicats qu'on a fait innocemment souscrire à des mules socialistes.

On ne les fait même pas souscrire. On falsifie simplement leurs signatures. Bien souvent ils ignorent non seulement le nom de leur soi-disant délégué, mais le fait même de la délégation. On ne les a pas même trompés, on les a volés.

Preuves dans diverses parties de France. Ce sont des réponses aux circulaires envoyées par la commission pour enquête. Ainsi les syndicats auront la parole eux-mêmes :

Maine-et-Loire. — La section des ouvriers tisserands de la Tour-Landry (Maine-et-Loire) ne s'occupe ni ne s'est jamais occupée de politique.

Elle n'a donc pour but que l'intérêt des ouvriers, en ce qui concerne le tissage.

Le Secrétaire : AUGEREAU.

Nord. —   *Somain, le 21 septembre 1900.*

CITOYEN DUBREUILH,

Je m'empresse de répondre à votre demande, qui m'est arrivée ce jour même.

N'ayant jamais eu à répondre à de pareilles questions, vous voyez mon embarras pour vous répondre explicitement. Néanmoins, je peux tout de même vous éclairer un peu.

Notre association est le syndicat des mineurs du Nord, dont le siège social est à Sin-le-Noble. La date de sa fondation est depuis 1893, mais nous ne pouvons, dans notre intérêt économique, nous déclarer socialistes. Notre règlement nous interdit toute politique au sein de nos réunions privées ; notre devise est : Justice, Paix et Concorde ; notre principe : Solidarité.

La politique, nous la faisons quand nous pouvons avoir des orateurs en réunion publique ou conférence, et c'est une politique vraiment socialiste.

GOHIDE Léon,
Secrétaire du Syndicat, Somain (Nord)

Gard (car nous y revenons). — Lettre du syndicat des boisseliers de Sauve.

AU CITOYEN DOCTEUR DELON, à Nimes.

J'ai l'honneur de vous accuser réception de votre honorée du 5 courant nous demandant des renseignements sur la part que prendrait notre syndicat au Congrès général socialiste de Paris.

Notre syndicat s'est constitué le 10 mars 1900 et n'a jamais eu à envisager l'hypothèse de désigner un délégué audit Congrès ni d'y prendre part.

L'article 14 de nos statuts nous l'interdit d'ailleurs absolument, et nous n'avons par conséquent donné mandat à personne de nous représenter.

Le Secrétaire adjoint : PUICH-BOURGUET.

On ne se moque pas plus impudemment de ceux que l'on prétend défendre. On ne s'empare pas plus perfidement du nom des travailleurs pour s'en faire une arme contre les prolétaires organisés et conscients.

On a maintenant une idée de la validité des mandats reçus rue Portefoin, et pour une grande part validés dès le premier examen ou sans enquête. Voilà une partie des renseignements obtenus quand on en a demandé. En outre, il ne faut pas oublier que trois cents lettres à peine ont été envoyées. Contre combien des mandats admis du premier coup aurait-on pu élever des objections semblables ? Mais laissons cela. Nous connaissons la valeur des mandats ; voyons un peu la valeur des gens qui les portaient.

LEURS DÉLÉGUÉS.

Est-il besoin de dire que les agents racoleurs, les Plais, les Herpin, les Surier étaient délégués d'un ou plusieurs groupes, d'une ou plusieurs organisations ? Représentant de la F. T. S., le nommé Plais entrait également au Congrès avec des mandats de la F. S. R. (mandat électoral de Loches, Libre-Pensée de Montlouis, etc.). Surier représentait pour la F. S. R. le groupe socialiste de Jargeau et les deux groupes fictifs d'Aubigny-Ville et d'Aubigny-Villages. Diverses pièces données au précédent chapitre nous ont édifiés sur ces personnages. N'y revenons que pour signaler une nouvelle lettre concernant la qualité du sieur Herpin comme socia - liste.

Paris, le 22 septembre 1900.

Au Citoyen Dubreuilh.

Citoyen,

La *Petite République* a publié, il y a quelque temps, une note relative à un syndicat de bûcherons du Cher, faisant adhésion au Congrès national et choisissant comme délégué le citoyen Herpin.

Le groupe des originaires de la Nièvre est informé par des compatriotes que ce citoyen a toujours eu une attitude nettement anti-socialiste ; nous pensons donc qu'il ne peut représenter un groupe à un Congrès socialiste.

Notre intention est de remettre à la commission de vérification un dossier à ce sujet : vous voudrez donc bien l'en informer.

Pour le groupe et par ordre :

Le Secrétaire : LARDILLIER.

Ne nous arrêtons pas à des chicanes. Ne contestons le socialisme ni de Gérault-Richard, qu'on connaît assez, ni de Victor Dalle, qui, aux élections de 1898, se présentait avec une circulaire où le mot « république » remplace celui de « socialisme », et avec un programme réclamant entre autres : la réduction à deux ans du service militaire, la transformation de la dette publique perpétuelle en dette amortissable, et *l'application de la loi du cadenas*, ni de

Willm dont le nom s'étalait, il y a dix-huit mois, dans la manchette d'un journal à la solde de Dupuy, à Tarbes, avec la mention : Rédacteur en chef.

On pourrait toujours exiger des participants à un « Congrès socialiste » de n'être pas actuellement des radicaux militants et de ne s'être pas posés en adversaires du collectivisme, professé par tous ceux qui font adhésion au Parti.

Or, interrogeons M. Basly, maire de Lens, et prenons pour réponses ses paroles mêmes dans son journal le *Réveil du Nord* ou dans le radical *Progrès du Nord*.

(*Réveil* du 26 novembre 1892, p. 1, col. 2.) Lâches et lâcheurs, tels sont les socialistes allemands, s'il les faut juger par leurs chefs autorisés.

Leur empereur Guillaume a joliment raison de les traiter à coups de bottes.

[Reproduction d'un article publié dans la *Petite République française.*]

Voilà pour l'internationalisme. Voici pour la lutte de classe et la transformation de la société capitaliste en société communiste :

(*Progrès* du 8 septembre 1896. Déclarations faites le 6 septembre à Hénin-Liétard.) Je me suis présenté à vos suffrages comme républicain socialiste et non comme collectiviste... Mon programme était celui du parti radical. Je n'en ai pas changé. Il vaudrait mieux s'attacher à rendre au pays un ministère radical que de prêcher *des doctrines qui paraîtront encore fantaisistes en l'an 2700.*

... Le Parti ouvrier est le parti de Karl Marx. La solidarité entre les peuples, c'est bien joli, mais vous me faites sourire quand vous appelez l'allemand Singer votre *frère de misère*, Singer, enrichi par l'exploitation éhontée des travailleurs, et qui, cyniquement, conseillait la prostitution à ses ouvrières. qu'il payait un salaire de famine.

Nous serions naïfs de nous indigner de retrouver dans la bouche d'un Basly les calomnies d'un Drumont. Mais si Drumont, du moins, est allé salle Wagram, ce n'était pas comme délégué socialiste.

(*Réveil* du 23 avril 1898. Lettre au sénateur Desprez.) En terminant, vous voudrez bien me laisser vous affirmer, Monsieur

le sénateur, répondant à votre accusation : *Je ne suis point révolutionnaire*, je reconnais sans ambages que le *capital* et le *travail* sont deux forces, et j'ajoute : si ces deux forces, qui sont la
source de toute prospérité, pouvaient s'unir, ce serait la multiplication des richesses, ce serait, en un mot, le bonheur des
travailleurs, la libération des craintes qui assaillent et para-
lysent le capital.

C'est bien ce Basly-là qui, *au lendemain du discours de
Saint-Mandé*, lorsque le groupe socialiste de la Chambre
voulut engager ses membres, par une déclaration de principes bien anodine, quittait le groupe en fermant derrière
lui la porte avec fracas. Mais est-ce bien le même qui le 28
décembre était salle Wagram comme délégué, et comme
mandataire socialiste d'un syndicat, de plusieurs syndicats ?
C'est une pantalonnade de plus chez l'homme qui disait le
14 septembre 1896 (*Echo du Nord*, p. 2, col 3) :

J'estime que le syndicat, en tant que syndicat, n'a pas à se
lancer dans la politique, et ne doit pas s'inféoder à tel ou tel
groupe, à tel ou tel parti.

Dans les journaux de Paris, Basly renouvelait sa profes-
sion de foi :

En ce qui concerne mes déclarations à l'égard des doctrines
révolutionnaires et collectivistes, confiait Basly à l'interviewer,
elles sont exactes...
Je ne suis donc pas collectiviste, et je ne serai révolutionnaire
que le jour où il me sera démontré que toute évolution est impossible. (*Éclair*, 30 août 1895.)

Et voici le jugement que portait de lui l'organe des possi-
bilistes allemanistes lorsqu'il protestait publiquement contre
l'apposition de sa signature au bas du manifeste où le groupe
socialiste de la Chambre dénonçait à la France ouvrière les
crimes commis par le gouvernement à Carmaux :

Nous demandons pardon, tout d'abord, aux lecteurs du
Parti ouvrier d'insérer une semblable déclaration, mais cela
est utile : *on ne fait jamais trop connaître l'infamie des rené-
gats à la cause prolétarienne* (1).

____

1) Et ils l'acclamaient au Congrès : *Brouillés jusqu'à Wagram* !

On se rappelle que le citoyen Groussier fit entendre contre la présence de Basly, salle Wagram, des protestations qui restèrent vaines. Il était l'interprète des sentiments de tout véritable socialiste.

A côté de Basly, M. Selle, maire de Denain, représentant un groupe indépendant de la ville qu'il administre, se montre son digne collègue. C'est lui qui écrivait à *l'Impartial du Nord* (29 août 1898) :

Je ne suis pas collectiviste. J'entends, pour répondre aux vœux de mes électeurs, conserver mon indépendance, ne m'inféoder à aucune secte et voter selon ma conscience.

L'Echo du Nord a menti quand il a dit, dernièrement, que j'avais excité les mineurs à la grève, alors que je préconisais tout le contraire.

Il n'est pas vrai non plus que je préside le Congrès ouvrier à Denain, attendu que je n'en fais pas même partie et que je n'y serai pas. Denain a été choisi, par qui ? Je n'en sais rien.

Je vous demande l'hospitalité de votre journal qui, je l'espère, ne me sera pas refusée.

Recevez, par avance, l'expression de mes remerciements et civilités distingués.

SELLE.

Voilà les hommes avec lesquels les mandataires des groupements socialistes de France étaient invités à venir discuter les intérêts du Parti ! Tous ceux qui ont assisté aux réunions de la salle Wagram ont conservé le souvenir de l'étonnement croissant qu'ils éprouvaient à rencontrer dans la salle ou dans les couloirs des figures qu'ils s'attendaient si peu à voir. On coudoyait d'étranges socialistes, dont la conversion était si fraîche qu'elle était inconnue à tous. C'étaient des radicaux de marque comme le Paillard, délégué des « travailleurs socialistes » du Doubs, sur la foi — et la bonne foi — politique duquel on sera renseigné à fond par la correspondance suivante.

Lettre publiée dans *le Petit Sou* du 1er octobre ;

Paris, 26 septembre 1900.

Citoyen Gérault-Richard,

M. Paillard, président du groupe radical de Besançon et délégué au congrès par l'organisation allemaniste de notre

région, a jugé utile de vous écrire, pour dire qu'il n'a pas signé
la protestation commune au P. S. R., au P. O. F., à l'A. C. R.
et aux fédérations *autonomes* de Saône-et-Loire, du Doubs, de
la Haute-Saône et du Haut-Rhin.

Cette déclara ion vient à point pour dissiper tout malentendu,
tant pour le Congrès international que pour le Congrès national.

Nous profitons du droit de réponse, que nous espérons bien
ne pas nous voir refuser, pour apprendre au président du
groupe radical bisontin, socialiste pendant ces quelques jours,
*que lorsqu'on parle de la Fédération autonome du Doubs, de
la Haute-Saône et du Haut-Rhin, directement représentée au
C. G., il ne saurait être question que de notre organisation, et
non de celle qu'il représente, celle-ci étant comprise dans le
P. O. S. R. (allemaniste), auquel elle est adhérente.*

La déclaration, d'autre part, était signée en notre nom par
H. Perrin, ce qui prouve que votre correspondant occasionnel
a voulu faire là une manifestation purement platonique.

M. Paillard. étranger à notre parti, pouvait naturellement
gnorer ces détails ; nous sommes heureux de les lui faire
connaitre.

Par la même occasion, nous le remercions de sa déclaration,
parce qu'on ne saura jamais trop que nous ne nous sommes
pas laissé entraîner à la suite de ceux qui, dimanche, ont eu
avec eux M. Edward Paillard.

Recevez, citoyen, nos salutations socialistes.

La délégation de la fédération autonome du Doubs, de la
Haute-Saône et du Haut-Rhin.

Ed. ABLITZER, Georges DREYFUS,
A. HARRENT, Henri PERRIN.

Tout mauvais cas étant, ce dit-on, niable, ledit Paillard se
défendit comme suit dans une lettre adressée au directeur du
Petit Sou et publiée dans le numéro du 5 octobre :

Le citoyen Perrin a entraîné les camarades signataires, avec
lui, de cette réponse, dans une erreur calculée, car il a menti en
disant que j'étais président du groupe radical de Besançon.

Je ne l'ai jamais été.

Je déclare en outre appartenir au groupe socialiste bisontin,
et que par conséquent j'ai approuvé et signé dans son intégra-
lité le programme du Parti ouvrier socialiste révolutionnaire et
que j'en accepte tous les principes et les conséquences.

La valeur des affirmations de Paillard ressort suffisamment

des lettres qui suivent, et que donnait *le Petit Sou* dans son numéro du 10 octobre :

Citoyen Rédacteur du *Petit Sou*,

Il y a quelques jours, votre journal donnait l'hospitalité à une protestation des délégués de notre fédération au Congrès, protestation par laquelle le titre de socialiste était refusé à M. Paillard, délégué par les ministériels bisontins à ce même Congrès.

Nos amis reprochaient notamment à Paillard de ne pas remplir les conditions nécessaires d'admission au Congrès, ne se trouvant inscrit dans aucun groupement socialiste au 1ᵉʳ janvier 1900.

Paillard répondit naturellement sur un ton virulent, et sa lettre grossière autant que mensongère fut publiée par *le Petit Sou* d'avant-hier.

Le Paillard bisontin infligeait un démenti solennel à notre trésorier qui lui reprochait son titre d'ancien président de groupe radical.

« Non seulement jamais je n'ai été président de ce groupe, « mais j'atteste de la solidité et de l'ardeur de mes convictions « révolutionnaires. »

Ainsi s'esclaffait notre homme.

Le Petit Sou étant très répandu dans notre région, il nous paraît nécessaire de clore ce débat en insérant la lettre ci-dessous, émanant du frère du maire de Besançon, et qui démontre surabondamment et une fois de plus que la droiture et la loyauté ne sont pas toujours du côté de ceux qui en font le plus bruyamment parade.

Veuillez agréer, citoyen rédacteur, nos salutations socialistes.

René ZIMMER,

Secrétaire de la Fédération socialiste du Doubs, de la Haute-Saône et du Haut-Rhin.

Besançon, 6 octobre 1900.

Monsieur René ZIMMER,

Je m'empresse de répondre aux deux questions que vous me posez dans votre lettre d'hier.

Oui, M. Ed. Paillard a été président du groupe radical socialiste, depuis fin septembre 1899 jusqu'au mois de juin dernier.

Agréez, monsieur, mes cordiales salutations.

Junius GONDY,

Secrétaire du groupe radical-socialiste.

Plus que jamais, c'est le cas de crier « Vive l'union socialiste-révolutionnaire », « A bas les bourgeois et leurs complices » !...

RENÉ ZIMMER.

C'est plaisir vraiment de trouver dans les rangs d'un Parti unifié des gens dont la parole présente tant de garanties.

Un des plus bruyants ministériels, représentant les groupes de la fameuse Fédération autonome de la Gironde, que Jaurès, dans le dernier Congrès des indépendants, déclarait ne pas exister, était le banquier Stern-Maydieu. Pour renseignements, nous n'avons qu'à nous adresser aux socialistes de Bordeaux (*Petit sou* du 13 octobre).

La Section bordelaise du P. O. F., réorganisée sur de nouvelles bases, réunie le 10 octobre 1900, après avoir entendu les rapports des délégués aux différents congrès de septembre, à Paris, approuve sans réserves leur attitude et renouvelle sa confiance au conseil national.

La section regrette vivement et blâme l'attitude des indépendants qui ont accepté sans contrôle tous les mandats fictifs qui leur étaient présentés et se sont, par cette manœuvre, emparés du Congrès ; proteste contre cette façon peu sérieuse de travestir un Congrès en une réunion publique ; affirme que de Bordeaux, en particulier, vingt-sept groupements fictifs (au moins), classés par un certain Stern, naguère candidat radical, ont servi à écraser les groupes anciens qui, depuis vingt ans, existent dans cette ville ; regrette que Jaurès se serve de pareils instruments contre des socialistes qui lui ont montré la voie et lui ont appris le socialisme.

Et le citoyen Lavigne rappelait, dans *le Socialiste de la Gironde* (nᵒ du 17 octobre 1900), quelques traits de la biographie du même, qui ne manquent pas d'intérêt.

Mais ce que Jaurès ne sait pas, et ce que nous allons rappeler, c'est qu'aux élections législatives dernières, M. Stern-Maydieu fut candidat dans la première circonscription de Bordeaux.

Personne ne le connaissait ici. Mais un journal illustré, *la Silhouette*, fit connaître que c'était le candidat patronné par M. Léon Bourgeois. Son nom apparaissait flambant au beau milieu d'un drapeau tricolore tenu en main par M. Léon Bourgeois, en un beau portrait en pied.

M. Stern a toujours rêvé d'être le lieutenant de quelque grand homme. Ça ne lui a pas beaucoup réussi d'être le lieutenant radical de Léon Bourgeois, puisqu'il a recueilli le chiffre au moins modeste de 175 voix sur 14.243 votants.

On croisait le « citoyen » Maurice Pignard, actuellement rédacteur au *Petit Dauphinois,* journal radical mis à l'index par l'unanimité des organisations syndicales et socialistes de l'Isère, ancien rédacteur du *Républicain de Châteauroux,* feuille opportuniste qu'il combattit ensuite dans le *Journal du Centre,* organe monarchiste. Il se jugera lui-même dans la phrase qui terminait son article sur le discours de Lens.

En secouant le joug révolutionnaire pour se limiter *au programme des réformes radicales,* M Millerand a montré une fois de plus qu'il avait au plus haut degré le sens des réalités pratiques.

On ne le lui fait donc pas dire : M. Pignard marche avec les socialistes, à condition qu'ils soient radicaux. Mais les socialistes, eux, n'ont pas de raison de frayer avec les défenseurs professionnels du radicalisme, encore moins de les admettre à leurs débats sur « l'organisation intérieure du Parti », qui était l'objet principal du Congrès convoqué à la salle Wagram.

Qui pourrait se rappeler sans une indignation mêlée d'hilarité la cohue de délégués venue à la rescousse des bataillons ministériels : ces révolutionnaires pourvus de fonctions gouvernementales, employés du ministère ; ces étudiants et ces licenciés frais éclos, qui semblaient avoir transporté dans le quartier Wagram le quartier Latin tout entier ?

On avait fait flèche de tout bois. Bien résolus à considérer comme nul l'article du règlement accepté par les représentants de toutes les organisations au Comité général et permettant à *dix groupes* au maximum de se faire représenter par un même mandataire, les ministériels avaient visiblement levé une armée où la quantité importait plus que la qualité. C'était une foule qu'il leur fallait, pour que le Congrès ressemblât le plus possible à une réunion publique. Leur idéal eût été d'amener à la bataille un homme — une unité — par groupe ; et de cet idéal ils se sont rapprochés le plus possible.

Faisons une petite comparaison de chiffres instructive. Nous avons sous les yeux une liste de 321 mandats (1) de la F. S. R. des indépendants, validés avant l'ouverture du Congrès par la commission de vérification du Comité général. Sur ces 321, 87 correspondent à des groupes de Paris ou de la Seine, dont naturellement les représentants habitent le département de la Seine ou Paris. Restent 234 groupes de province. Les délégués de ces groupes sont au nombre de 164, dont 61 habitant Paris ou la Seine représentent 78 groupes et 103 venus des départements représentent 156 groupes. Les Parisiens pourvus de mandats de province sont donc aux délégués envoyés par les groupes dans une proportion de 6/10 ou des 3/5. Prenons maintenant 321 des groupes provinciaux du P. O. F. (département de la Savoie et suivants), en remontant l'ordre alphabétique jusqu'au milieu de la liste du Nord. Ces 321 groupes sont représentés par 84 délégués, sur lesquels 5 habitant Paris ou le département de la Seine. La proportion des Parisiens aux provinciaux est ainsi de 1/17. On conviendra que le vote de ces délégués avait plus de chance d'être l'expression directe de la pensée de leurs mandants.

Ce n'est pas tout. Parmi les délégués du P. O. F., les 5 habitant Paris représentent 30 groupes ; chaque délégué est donc pourvu en moyenne de 6 mandats. Les 79 délégués de province représentent 291 groupes ; chacun est donc porteur d'une moyenne de 4 mandats à peu près.

Au contraire, chez les Indépendants, les 61 délégués parisiens représentent 78 groupes de province : chacun avait donc en moyenne 1 mandat *plus* 1/4. Les 103 délégués provinciaux représentent 156 groupes : il revient donc à chacun une moyenne de 1 mandat *plus* 1/2.

Autrement dit, les Indépendants avaient pour 97 groupes autant de délégués que le P. O. F. en avait pour 321.

Ou, si l'on veut, chez les Indépendants, 4 délégués pari-

(1) Les mandats électoraux n'ont été comptés que pour un.

siens représentaient en moyenne 5 groupes de province, 4 délégués provinciaux en représentaient 6 ; dans le P. O. F., 4 délégués parisiens représentaient en moyenne 24 groupes, 4 délégués provinciaux en représentaient 16.

Ce petit calcul, facile à vérifier, prouve : 1o que, confiants dans les conditions offertes et admises par tous, les militants du P. O. F. avaient largement profité de la faculté qui leur était donnée de réunir plusieurs mandats sur un seul délégué, ce qui leur permettait, sans grever outre mesure leur budget, de se faire représenter directement ; 2o que dans le cas d'impossibilité absolue seulement, ils avaient eu recours à des camarades habitant Paris, dans lesquels ils avaient une confiance particulière ; 3o que les ministériels n'avaient d'autre souci que de noyer les éléments socialistes révolutionnaires dans une masse de radicaux ou de jeunes agrégés, socialistes amateurs, pour empêcher le Congrès de faire sa besogne, c'est-à-dire d'examiner la conduite du Comité général et des divers militants du Parti depuis le Congrès de la salle Japy, pour prendre en connaissance de cause les mesures nécessaires à l'action des organisations unies d'un commun accord en décembre 1899.

Il ne faudrait pas croire, d'ailleurs, que l'on puisse se faire une idée exacte des personnalités présentes aux réunions de la salle Wagram, quand même on aurait en main la totalité des cartes établies, d'après les mandats, par la commission de vérification élue par le C. G. On a pu voir assister aux séances et lever la main dans les votes, des radicaux tels que Lucien-Victor Meunier, qui auraient été embarrassés de dire quel groupe leur avait donné mandat. Sans parler des cartes qui, repassées à travers la balustrade d'enceinte de la salle, servaient à un copain pour pénétrer dans le Congrès, il y a eu fabrication et distribution de cartes en double ou portant des noms qui ne figuraient sur aucun mandat.

On jugera des proportions qu'a prises ce système par la déclaration suivante écrite par le citoyen Andrieux, secrétaire de la commission de propagande au Comité général et délégué des Sociétés coopératives.

Désigné par le Comité général pour la distribution des cartes aux délégués des coopératives, je les ai trouvées faites en double et signées Briand ; elles m'étaient montrées par chacun des possesseurs à qui je m'adressais.

Tout essai de contrôle à la porte était rendu impossible par l'affluence de ces délégués anonymes et pseudonymes, racolés sur le boulevard ou dans les parlotes radicales.

Nous avons là-dessus l'aveu même de *la Petite République*. Le lendemain du Congrès, rendant compte de la séance du dimanche après-midi, après le départ des délégués du P O.F., elle déclarait qu'on ne s'apercevait pas de leur absence : « l'immense salle Wagram était de nouveau comble ». Peut-on plus naïvement dire qu'on avait remplacé les 250 socialistes absents par des amis complaisants, recrutés à la hâte et munis de cartes frauduleuses ?

LEURS MANŒUVRES

C'est dès avant le Congrès et pendant sa préparation même que les ministériels commencèrent leurs manœuvres pour anéantir tout contrôle de la sincérité de représentation au Congrès. Non seulement ils obtinrent de la complaisance du Comité général deux prolongations successives du délai fixé d'abord pour la remise des mandats : du 5 septembre, la date limite fut portée au 10, puis au 15. Le temps imparti aux enquêtes nécessaires devenait ainsi ridiculement insuffisant. Mais on se garda bien de transmettre au secrétaire Dubreuilh les mandats que l'on avait en main avant la date extrême ; on attendit le dernier moment pour apporter en bloc les centaines de mandats d'une organisation, de manière à rendre presque impossible une sérieuse vérification. Bien mieux, on tarda le plus qu'on pouvait à fournir à la commission les renseignements sollicités ; c'est l'avant-veille ou la veille du Congrès qu'arrivaient des contestations ou des affirmations dont il était ainsi plus que difficile de vérifier le bien-fondé.

Cependant, on répandait dans la presse des insinuations ou des accusations contre l'œuvre de la commission, tout en entravant son travail autant qu'on en avait les moyens. Le but était d'exaspérer toutes les dissensions, d'accentuer tous les conflits possibles. Le Congrès devait être tenu, mais il fallait, pour la « défense républicaine », qu'il n'aboutît qu'au néant.

Lorsque, à la séance d'ouverture du Congrès, sous la présidence du citoyen Pasquier, le citoyen Albert Richard lut le rapport de la commission, concluant à la validation de 2509 mandats, et demandant l'invalidation de ceux qu'elle avait annulés ou réservés, ce fut un *tollo* général dans les rangs ministériels. Il paraît que la commission n'aurait rien dû vérifier du tout. Fictifs ou réels, tous les groupes intitulés « socialistes », fût ce pour la circonstance, se valent et ont un même droit à la représentation.

Défaire le travail de la vérification ne fut pas long. Brisant dès lors le pacte signé par toutes les organisations, on vota — par tête et non par mandat — qu'une commission nouvelle, de deux membres par organisation, serait chargée de refaire en quelques heures l'œuvre qui avait pris des jours et des nuits. Si cette commission d'acceptation, présidée par le citoyen Brunellière, demanda communication des dossiers relatifs à la validation des pouvoirs, ce fut uniquement pour la forme. C'était bien d'examen critique qu'il s'agissait ! Il fallait accepter comme valable la monnaie fausse à l'égal de la bonne. Un semblant de discussion fut ébauché d'abord. Mais on y renonça bientôt. La commission était réunie pour valider, et elle valida, dédaignant les preuves les plus flagrantes et les témoignages les moins équivoques, quand même ils contenaient l'aveu des intéressés.

Le Gard retrouva tous ses mandats au complet ; validés le Réveil social de la Grand'Combe, validée la Jeunesse socialiste de Nîmes ; validés les groupes de Roquemaure, des Plantiers, de Vézenobres, du Savel, le Syndicat des boisseliers de Sauve, tous ceux sur lesquels on a lu les documents donnés plus haut.

Aux huit groupements indépendants du V° arrondissement de Paris validés par la première commission, vinrent s'ajouter les sept sections baptisées de noms de rues qu'elle avait écartées. La Libre-Pensée de Tours, qui déclarait n'avoir mandaté personne, eut son mandat ; les groupes d'Indre-et-Loire recrutés, on sait comment, par le commis-voyageur en mandats, Plais, les quatre sections de l'Union républicaine socialiste du XV° arrondissement de Paris eurent leurs mandats ; le comité de Saint-Fargeau eut son mandat. On accepta ce groupe intermittent de Blancafort dont le secrétaire Azambourg, on l'a constaté plus haut, proclamait, le 22 septembre, l'existence qu'il niait le 20. On donna l'investiture à tous ces groupements fantastiques que nous avons vus défiler tout à l'heure.

On la donna au syndicat de la Tour-Landry, « qui ne s'occupe pas de politique », au cercle de Bedoin, qui « réunit tous les habitants de la commune sans distinction de parti ». A quoi bon se gêner, puisqu'on était en famille ? Et allez donc, c'est pas ton père !

Fidèle aux indications données par le Comité général, interprète exact de la constitution du Parti votée en décembre 1899, la commission avait annulé les mandats des coopératives qui n'avaient pu fournir la preuve de versements effectués dans l'année pour propagande socialiste Les citoyens Andrieux et J.-B. Lavaud, chargés de l'examen des réponses aux circulaires-questionnaires qu'avaient reçus les coopératives, n'avaient pas été fort difficiles à contenter. Un versement de 25 francs, pourvu qu'il fût prouvé que ce n'était qu'un acompte, avait suffi à donner l'entrée au Congrès. Tout cela n'était rien aux yeux des commissaires préposés à la tolérance. Aux 44 coopératives admises d'emblée vinrent s'en ajouter 32 autres, malgré les protestations des citoyens Lavaud et Andrieux au sein de la commission. Seules furent refusées, bien à regret et avec mille excuses, celles qui étaient hors d'état d'affirmer seulement qu'elles avaient l'intention de contribuer à la propagande.

Le président revint annoncer triomphalement à la tribune que l'ouvrage était fait, et que les 125 nouvelles cartes allaient être établies pour les mandats fictifs ou frelatés qu'on acceptait les yeux fermés (1). Par distraction, sans doute, ou par excès de zèle, on profita de l'occasion pour en fabriquer en double.

Ce premier tripotage marquait dès le début le caractère qu'on entendait donner au Congrès : entrait en somme qui voulait. Il ne s'agissait pas de discuter entre socialistes de la bonne marche du Parti. Il s'agissait de donner à un gouvernement l'appui d'une majorité factice.

La nomination de cette commission avait été décidée à mains levées, bien que le vote par mandat, étant réclamé, fût de droit. Première atteinte portée à la convention entre les organisations qui tenaient le Congrès.

Il en fut de même quand il fallut nommer le bureau définitif. Les délégués porteurs de plusieurs mandats demandèrent que le règlement fût appliqué. Mais les ministériels tenaient au vote par tête ; le bénéfice du nombre leur était assuré. C'était assez pour se moquer de toutes les promesses. En vain les membres du P. O. F., en vain ceux du P. S. R. les rappelèrent au maintien de leur parole. En vain le citoyen Vaillant expliqua, d'un ton modéré, que, dût-on même renoncer aux clauses mêmes de la convocation du Congrès sur la manière de voter, on ne pouvait prendre en tout cas cette décision que d'après le mode de votation primitivement indiqué. Des « révolutionnaires » ministériels ne se laissent pas arrêter par des règlements.

Comme si cet article fondamental n'était pas la condition nécessaire de la faculté laissée aux groupes d'attribuer à un seul délégué jusqu'à dix mandats ; comme si inviter des

(1) Pour mémoire : le Comité socialiste de Saint-Étienne (F. S. R.) qui, sur son mandat même, donnait comme date de sa fondation le mois de février 1900, avait été validé par la première commission.

groupements socialistes à s'entendre par neuf ou par dix pour se faire représenter par un seul camarade n'entraînait pas cette conséquence que chacun d'eux exercerait dans les décisions sa part légitime d'influence ; comme si réduire des *neuf dixièmes* au besoin le droit de vote d'une organisation n'équivalait pas à annuler *neuf sur dix* des mandats qu'elle avait présentés et qui avaient été reconnus valables ; comme si à chacune des délégations réunies sur une seule tête ne correspondait pas *une quote-part de trois francs* versée par chaque groupe pour avoir l'entrée au Congrès organisé par l'ensemble des socialistes français.

Mais c'était justement ce qu'on voulait. Faire payer à des groupes sur la foi d'un traité leur droit d'entrée et de délibération, et brusquement au moment du scrutin les priver de leurs voix, le bon tour en vérité ! Le traquenard se doublait d'un vol. On pouvait faire endosser aux mandants la responsabilité de décisions auxquelles ils n'auraient pas eu de part; en commençant par jeter à l'eau neuf sur dix de leurs suffrages, après avoir préalablement palpé leurs espèces.

Un pareil déni de justice ne pouvait être toléré. Après avoir, durant une journée, tâché de faire entendre raison aux escrocs escamoteurs, les révolutionnaires frustrés n'avaient plus qu'à constater que le Congrès annoncé ne pouvait être tenu, puisqu'on se refusait à exécuter le contrat qui était à la base de sa convocation. C'est ce qu'ils firent par les protestations publiques suivantes.

Réclamation lue à la tribune par le citoyen Perrin, au nom du P. O. F., du P. S. R., de l'A. C., des Fédérations autonomes du Doubs et de Saône-et-Loire.

Attendu que l'appel adressé par le Comité général à tous les groupements socialistes politiques et économiques porte *que le vote par mandat sera de droit toutes les fois qu'il sera demandé ;*

Attendu que, sur la foi de cette décision, un très grand nombre de groupes ont usé de la liberté qui leur était attribuée de confier jusqu'à dix mandats à un seul délégué ;

Attendu qu'en faisant trancher, en violation des règlements, par un vote par tête, une question aussi capitale que celle de la composition même du Congrès, on supprimerait ou on exclurait en réalité neuf groupes sur dix, partout où s'est produite entre les mains du même délégué cette réunion de mandats ;

Nous comptons sur le Congrès pour se refuser à une manœuvre qui constituerait un guet-apens et pour ordonner qu'il soit voté par mandat, seule manière d'empêcher une majorité de délégués de se substituer à la véritable majorité des organisations représentées.

Ceci avant que le coup fût définitivement fait.

Déclaration lue à la tribune par le citoyen Dazet.

L'Alliance communiste ;

La Fédération autonome du Doubs, de la Haute-Saône et du Haut-Rhin ;

La Fédération des syndicats ouvriers de Saône-et-Loire ;

Le Parti ouvrier français ;

Le Parti socialiste révolutionnaire ;

Considérant que le Comité général, agissant en qualité de mandataire commun des organisations socialistes, a déterminé les conditions dans lesquelles le Congrès serait convoqué ; que les conditions ainsi arrêtées forment entre les organisations adhérentes un véritable contrat qui lie toutes les parties, et qui ne pourrait être modifié que de leur consentement commun ;

Considérant, par suite, que le Congrès n'avait pas le droit de supprimer l'article essentiel du contrat qui assurait à tous les délégués et à leurs groupes la garantie du vote par mandats, par cela seul qu'il serait demandé ;

Considérant qu'il est particulièrement inadmissible qu'une pareille violation du pacte fondamental puisse être votée avant la constitution du Congrès et à l'occasion même de cette constitution, alors qu'il s'agit justement de savoir comment et de quels éléments se formera la majorité ; que sur ce point, plus que sur tout autre, il ne saurait y avoir d'autre majorité valable que la majorité des groupes, c'est-à-dire la majorité des mandats ;

Considérant que les organisations ci-dessus désignées ne pouvaient accepter un vote qui, sur la question la plus importante, puisqu'elle touche à la constitution même du Congrès, empêche la plupart de leurs groupes d'user de leurs droits et brise entre les mains de leurs délégués neuf mandats sur dix ;

Déclarent qu'en refusant de prendre part hier aux travaux du Congrès à partir du vote de la proposition Briand, leurs délégués sont restés scrupuleusement fidèles au pacte conclu et n'ont fait que remplir leur devoir en essayant de sauvegarder les droits de leurs commettants ;

Dénoncent à la France ouvrière et socialiste l'acte par lequel le Congrès a mutilé sa représentation ;

Et prennent acte de ce qu'il n'aura point dépendu d'elles d'empêcher que les décisions ultérieures du Congrès puissent être considérées comme viciées d'avance dans leurs principes et frappées d'avance de suspicion.

Protestation lue à la tribune par le citoyen Paul Constans, maire de Montluçon.

Les soussignés, délégués au deuxième Congrès général du parti socialiste, tous venus de leurs départements respectifs sur la convocation du Comité général,

Considérant que cette convocation réglementant le Congrès attribue formellement à chaque délégué le droit d'être porteur d'un nombre maximum de dix mandats, et que, sur la foi de ce règlement et pour éviter des frais considérables de représentation, nos organisateurs ont groupé entre les mains de chaque délégué le plus grand nombre possible de mandats ;

Considérant que le refus du Congrès d'admettre le vote par mandats, prévu dans le règlement élaboré par le Comité général, a pour résultat de priver neuf groupes sur dix du droit d'exprimer leur opinion au Congrès ;

Considérant que le vote sur la validité des mandats contestés ne saurait être considéré comme un vote de pure forme, puisqu'il s'agit de décider si, oui ou non, la majorité sera constituée avec des mandats fictifs ;

Protestent énergiquement contre cette manœuvre qui ne tendrait à rien moins qu'à supprimer toute représentation à la majorité des groupes de province, et laissent aux auteurs de ce véritable coup d'Etat la responsabilité de cette nouvelle division introduite dans le Parti, division d'autant plus criminelle qu'elle a pour but d'assurer une majorité factice aux socialistes ministériels.

Ain. — Besset.

Saône-et-Loire. — Chalot, secrétaire général du syndicat des mineurs de Montceau-les-Mines ; Goujon, adjoint au maire de Montceau-les-Mines ; Journoud, Merzet, Homère, de Chalon-sur-Saône.

Rhône. — Et. Rognon, B. Péronin, Jarret, V. Darme, J.-M. Sombardier, C. Novel, Bourde, Gauthier, Lespine, Girard, Besset, de Lyon ; Baudet, de Villeurbanne.

Marne. — Pérot, de Reims ; A. Richard, d'Epernay.

Allier. — P. Constans, A. Dormoy, Fouilland, Libéras, Grangier, Decorps, Martin, Aujay, Doucet, Michaud, Vernade, Bobin, Perrette, Souzais, Gauthier, Gaudron, Lachassagne, de Montluçon ; Sauvanet, de Huriel ; Dumazet, de Commentry.

Pyrénées-Orientales. — Jean Manalt, André Escarra, de Perpignan.

Aube. — Millet, Garnichat, Boivin, de Romilly ; Grée, de Troyes ; Mottin, de Bar-sur-Seine.

Haute-Garonne. — P. Courtois, de Toulouse.

Ariège. — Aubrun, de Prat ; Beaurepaire.

Gard. — Hubert Rouger, de Calvisson ; Chabroleau, Dace, d'Alais ; Barbier, de Nîmes.

Isère. — François Dognin, Girard, Thévenon, Bellon, Fray, Brun, Couplet, Buaud, Gaillard, Dominique Dognin, Joseph Dognin, de Grenoble.

Drôme. — M. André, de Romans.

Lozère. — Cellier.

Indre-et-Loire. — Médard, Cochet, de Tours.

Dordogne. — Proutier, Courtois, Hubert, de Périgueux ; G. Lalue, de Montignac.

Seine (Cinquième circonscription de Saint-Denis). — Gervaux, Lamy, Foucalet, de Puteaux ; Pritelet, de Suresnes C. Pailhé, de Bois-Colombes.

Indre. — Dufour, député d'Issoudun.

Loire. — Darancy, de Roanne.

Haute-Vienne. — Teyssonière, Garriges, de Limoges.

Savoie et Haute-Savoie. — Bron, d'Annecy.

Deux-Sèvres. — Thison, de Thouars.

Loiret. — Tellière, de Montargis ; Godeau, de Cepoy.

Gironde. — Raymond Lavigne, de Bordeaux ; Marius Surgand, de Saint-Médard ; Léo Lacoste, de Floirac ; Emile Gireau, de Blaye ; Bouscarut, de Macau ; Valentin Maurin, de Pujols.

Basses-Alpes. — Cornand, de Veynes.

Eure-et-Loir. — Courtois, de Dreux ; Nivet, de Chartres ; Bureau, de Fresnay-le-Gilmert ; Varon, de Saint-Lubin-des-Joncherets.

Doubs, Haute-Saône, Haut-Rhin. — H. Perrin, Ed. Ablitzer, A. Harrent, Georges Dreyfus.

Pas-de-Calais. — Charles Laforge, d'Avion.

Somme. — A. Lesenne.

Tarn-et-Garonne. — Téchine, Gignoux, d'Auvillars.

Nord. — Delory, Pierre Norange, D. Bonduel, Devernay, A. Verecque, Sohier, Daudrumetz, Devernais, Alph. Vanhoorebeke, Emile Duthoit, Louis Duleu, Lepers, Leguenne, H. Durre, Menu, Van Waerebecke, François Barbet, H. Lefebvre, Emile

Pottier, Emile Decock, Delcourt, Delcluze, Cartegnies, F. Frait,
Henry Domsin, Juvénal Dhélin, Inghels, J. Carlier, Férandélle,
Lallaud, Watremez, Waeylens, Haentjeins, Th. Devernay.
Savoie. — Ducret.

Communication faite à la presse par la majorité des membres
du Comité général.

Les membres du Comité général soussignés, en présence de
la substitution, opérée hier, du vote par tête au vote par
mandat réclamé au nom du règlement,

Rappellent que le règlement qui déclarait de droit le vote
par mandat, dès qu'il était demandé, avait été adopté à l'unanimité des organisations socialistes représentées au Comité
général,

Et protestent contre le rôle qu'on leur a fait ainsi jouer
malgré eux lorsque, après avoir garanti aux groupes multiples
qui se seraient fait représenter par un seul délégué un nombre
de voix égal au nombre des groupes jusqu'à dix, on réduit leur
vote à une voix, dépouillant les autres groupes de toute représentation.

> ANDRIEUX, BLÜM, BRACKE, CHAUVIN, COMPÈRE-
> MOREL, CONSTANS, DEJEANTE, DELORY, DU-
> BREUILH, EBERS, FARJAT, FORTIN, GOUJON,
> GROUSSIER, GUESDE, LAFARGUE, LANDRIN,
> LÉTANG, MILLET, PÉDRON, PREVOST, ROLAND,
> ROUSSEL, SEMBAT, VAILLANT, ZÉVAÈS.

Accepter une part dans les délibérations était désormais
chose impossible aux signataires de ces protestations. La
logique et le respect de la parole donnée leur faisaient une
loi de considérer qu'*il n'y avait pas de Congrès.* Tout au
plus pouvaient-ils se croire autorisés à assister en specta-
teurs aux réunions tenues dans cette salle ouverte à tant
de gens sans mandat sérieux, pour reporter ce qu'ils avaient
vu à ceux qui les avaient envoyés et leur dire en vue de
quelle œuvre on avait eu recours à tous les procédés que
nous avons signalés, avant et après le 28 septembre.

C'est à ce parti qu'ils s'arrêtèrent, continuant par leur
abstention la protestation qu'ils avaient faite oralement, et
par écrit. Leurs mains ne se levèrent pour aucun vote,
même à titre d'opposition. Et ce qui se fit salle Wagram fut

fait uniquement par les falsificateurs et les voleurs de mandats.

Seuls les secrétaires du Comité général se crurent obligés, pour accomplir jusqu'au bout la tâche qu'ils avaient acceptée, de venir lire à la tribune les rapports approuvés par le Comité général, bien qu'il fût visible, par l'attitude des soidisant congressistes, qu'ils se souciaient peu d'entendre ces rapports, encore moins de les approuver ou de les rejeter, comme ils en avaient reçu la mission, de par l'ordre du jour même du Congrès qui aurait dû avoir lieu.

Ces lectures se firent sous la direction d'un bureau nommé par un escamotage pour lequel les ministériels s'étaient entraînés déjà le dimanche précédent, en nommant, dans une séance du matin non annoncée, le bureau français du Congrès international, en l'absence des délégués révolutionnaires convoqués pour l'après-midi.

On tenait si peu à entendre les rapporteurs Dubreuilh, sur les travaux du C. G., Bracke, sur ceux de la commission de contrôle, Andrieux, sur ceux de la commission de propagande, qu'on tâcha d'en escamoter au moins deux. Donnés pour l'impression quarante-huit heures avant, les rapporteurs eurent toutes les peines du monde à s'en procurer des épreuves pour les lire.

Seul le rapport d'Andrieux, qui constatait avec véhémence les entraves apportées à l'œuvre de propagande du Parti par la mauvaise volonté, l'inertie ou les subterfuges de la plupart des députés à la dévotion du cabinet Waldeck-Rousseau, eut raison de l'indifférence avec laquelle on affectait de subir la lecture de ces documents présentés au nom du C. G. tout entier. Contre lui, les colères se réveillèrent : les interruptions injurieuses, les insultes lancées à profusion, montraient qu'il avait touché le vif. Et ce n'est pas à des paroles que se borna l'expression de ces rancunes.

Entre temps, au contraire, le côté droit dela réunion (car, instinctivement, les gens choisissent bien leur place) couvrait d'applaudissements complaisants la lecture du rapport

Rouanet, présentant, au nom de la majorité du groupe parlementaire, l'apologie cynique des députés qui, pour l'amour d'un ministère assassin, avaient repoussé la proposition d'enquête parlementaire sur le massacre des travailleurs à Chalon-sur-Saône et voté l'ordre du jour de confiance au gouvernement et de défiance envers le socialisme, « réprouvant les doctrines collectivistes » comme un piège « destiné à abuser les travailleurs ».

Et l'on votait, à mains levées, l'impression de ce rapport, c'est-à-dire qu'on prenait à son compte l'approbation du concours donné par la force armée au patronat contre les ouvriers et des balles Lebel trouant les poitrines prolétariennes, à la Martinique comme à Chalon, avec le *satisfecit* du gouvernement qui couvrait la conduite de ses subalternes. A l'unanimité, puisque, ne se trouvant pas dans le Congrès pour lequel ils étaient venus, les révolutionnaires n'avaient pas d'opinion à manifester.

Il faut avoir assisté à ces séances tumultueuses pour s'imaginer, d'ailleurs, les injures, les ordures, les rumeurs et les clameurs sous lesquelles durent rester d'un bout à l'autre les socialistes qui ne font pas consister la lutte de classe dans la chasse aux portefeuilles, et qui jugent que le devoir du prolétariat organisé est de faire, comme parti distinct, une opposition constante à l'État bourgeois, instrument de la domination capitaliste, de quelque nom que se nomment ses instruments ou ses ministres. Mais nous ne redirons pas les outrages adressés aux Vaillant, aux Groussier, aux Guesde, aux Lafargue. Les délégués du P. O. F., en butte surtout à ces attaques, voulaient, quoique se reprochant un peu d'être là en pareil voisinage, persévérer dans l'attitude prise. Pour lasser leur patience poussée à bout, il fallut qu'à la fraude et à l'injure vînt se joindre la violence.

Pendant qu'Aristide Briand était à la tribune, ajoutant dans un long discours les provocations aux provocations, attisant les colères, et jetant, sous prétexte d'appel à l'unité, les germes de division parmi les militants, le citoyen An-

drieux, debout près de l'estrade, s'entend appeler derrière
le rideau qui partageait en deux la salle des réunions. Il
s'empresse de répondre ; à peine au delà du rideau, il est
assailli par plusieurs individus, dont Heppenheimer et
Bagnol, qui le provoquent en face, tandis que par derrière
il est frappé et blessé à la main. C'est une vengeance double, et du rapport de flétrissure où il a stigmatisé les députés ministériels, et de l'impartialité dont il a fait preuve
dans la commission comme enquêteur sur les coopératives
qu'on prétend faire passer pour socialistes.

Le citoyen Blum monte exprimer à la tribune une indignation à laquelle le bureau feint de s'associer molle-
ment. Le citoyen Lucien Roland demande qu'à cette protestation platonique se joigne une mesure effective contre les
auteurs connus de l'agression. La droite vote ; la motion est
repoussée. Ainsi un bill d'indemnité est décerné au guet-
apens.

C'en est trop, la mesure est comble. D'un élan unanime,
sans même s'être consultés, les délégués du Parti ouvrier
français se lèvent et quittent la salle, où ils ne regrettent
que d'être restés si longtemps. Beaucoup de citoyens d'autres
organisations les suivent.

Ils s'en vont tenir, salle Vantier, ce Congrès socialiste en
vue duquel ils étaient venus et qui ne peut décidément avoir
lieu salle Wagram.

Si, liés par des résolutions antérieures, le P. S. R. et l'A. C.
jugent devoir rester pour combattre jusqu'au bout, le citoyen
Landrin, en leur nom, déclare « que leur attitude ne saurait
être considérée comme un blâme aux camarades du P. O. F. ».

Dès ce moment, les partisans de la « méthode nouvelle »
n'ont plus qu'un but : empêcher par tous les moyens une
majorité de se former contre la politique ministérielle. Afin
de triompher le lendemain, il faut qu'aujourd'hui toute condamnation soit évitée contre les députés qui ont soutenu
les fusilleurs du prolétariat. Ce n'est pas l'audace qui leur
manque : pour masquer l'action du ministère prêtant main-

forte à la classe patronale contre la classe ouvrière, rien ne leur coûte, ni la duplicité, ni le mensonge. Dût la vérité paraître au jour demain, l'essentiel est d'avoir aujourd'hui le succès.

Le renvoi des gendarmes de Chalon devant un conseil de guerre, annoncé juste à propos par le gouvernement de défense républicaine, était présenté comme une revanche du prolétariat, alors qu'on savait que cette parodie de justice ne pourrait aboutir — et n'aboutit en effet — qu'à donner comme suite aux meurtres l'acquittement des meurtriers.

Et de même qu'en 1899, pour faire écarter la motion Sorgue, les ministériels niaient publiquement les charges poussées par la cavalerie contre les grévistes de Nantes, de même, en 1900, Viviani déclare à la tribune qu'arrêté — par suite d'un malentendu regrettable — pendant la grève du Doubs, le citoyen Biétry a été remis en liberté.

Et cela est faux, Viviani le sait mieux que personne. Loin de bénéficier de quelque clémence, Biétry a été incarcéré un jour de plus que ne comportait la condamnation. Voici la lettre qui en témoigne formellement :

Journal Le Socialiste, 5, rue Rodier, Paris.

CHERS CAMARADES,

Par les amis, j'apprends que *le Socialiste* fut, parmi les journaux socialistes, un de ceux qui protesta le plus énergiquement contre mon arrestation. Je viens vous en remercier sincèrement. Cela fait, je vous autorise à affirmer que la déclaration faite au Congrès, me concernant, est absolument inexacte.

Non seulement Viviani n'a pas obtenu du président du conseil ma mise en liberté, mais j'aurais considéré comme une mauvaise action le fait de solliciter une mesure de clémence (?). On est clément avec les coupables : aux innocents il n'y a qu'à rendre la justice.

Si on avait trouvé les moyens de ne pas m'abandonner devant le réactionnaire tribunal de Belfort, *sans avocat*, peut-être aurait-on appris que je fus victime d'une arrestation monstrueusement arbitraire et d'une condamnation inqualifiable.

Etant donné l'étrange parti que l'on a tiré de mon emprisonnement, je ne suis pas éloigné de croire que la préparation du fameux Congrès n'y fut pas étrangère. J'entends par là que le ministère, sachant mes sentiments en ce qui le concerne et prévoyant une narration de ses *actes républicains*, dans le *Doubs*, à *Belfort-Giromagny*, etc., prit une résolution digne de lui, celle de me mettre sous les verrous.

Condamné à un mois, j'ai donc fait 31 *jours*. De quoi, diable, Viviani m'a-t-il fait gracier? *Quatre jours avant ma sortie de prison*, ma femme, gravement malade, alitée depuis des mois, recevait, en mon nom, sommation d'avoir à payer les frais du procès (53 fr. et des centimes). On lui accordait *trois jours pour payer*, sinon 10 jours de contrainte pour moi.

Est-ce que, par hasard, ce serait là une des faveurs Waldeck-Millerand ?

Malgré les pirates et les tripoteurs de la politique, les militants persécutés restent des *militants révolutionnaires*. Il faudrait encore bien des sauteurs comme Millerand et des incorruptibles comme Waldeck-Rousseau pour nous démontrer que, dès le moment où une fraction attrape sa part du gâteau, on a réalisé l'*harmonie du capital et du travail*.

Laissons les pitres se battre les flancs sur les tréteaux ministériels ; nous les retrouverons bien un jour, dans la rue ou ailleurs, quand nous serons avec le peuple, demandant un compte définitif des trahisons et des fourberies, sans compter les massacres (*il paraît que nous les avons inventés !*).

Courage, chers camarades ! continuez votre campagne.

Entre les véritables socialistes, l'unité est faite. Nous en sommes sûrs, en province, dans le P. S. R. auquel j'appartiens, car, dans les questions de principes et très souvent de tactique, nous applaudissons à votre œuvre.

A la Révolution !

Pierre BIÉTRY.

Cette défense mensongère est d'ailleurs la continuation, salle Wagram, d'une campagne commencée et poursuivie au dehors. A preuve l'article suivant, paru dans *l'Aurore* du 3 décembre dernier, sous la signature d'Urbain Gohier.

A LA MARTINIQUE

Avant la réunion du Congrès socialiste, parmi les… habiletés auxquelles avaient recours les agents ministériels pour racoler les adhésions, j'ai signalé celle-ci : on affirmait que les victimes du François avaient reçu des indemnités.

A cette occasion, j'ai même demandé le chiffre des indemnités ; car il est nécessaire de savoir à quel prix le gouvernement de Défense républicaine met la peau d'un ouvrier. Il y a un tarif pour les militaires galonnés ; nous voulons connaître le tarif des travailleurs. La veuve du colonel Klobb a reçu deux pensions, dont l'une héréditaire ; qu'est-ce qu'on a donné aux veuves et aux orphelins de la Martinique ? et combien à ceux de Chalon ? Quand nous avons posé ici la question, le gouvernement n'y a pas répondu ; il faut qu'on la lui pose à la tribune, pendant la discussion du budget.

Connaissant la générosité démocratique du présent ministère, nous craignons qu'il n'obère outre mesure les finances de la France, au profit des familles dont il a fusillé les pères.

Cependant, à Lille, M. Jaurès a fourni ces explications sur le drame de la Martinique (*Compte rendu sténographique*) :

« L'officier a été frappé, les juges ont été déplacés et, par « câble, l'ordre a été donné de remettre en liberté tous les ou-« vriers grévistes condamnés. »

Il n'est pas question d'indemnité.

J'ai pourtant ouï de mes oreilles un député socialiste ministériel qui attestait l'allocation des indemnités, pour rapporter à Paris un ordre du jour favorable de ses électeurs. Aurait-il menti ?

U. G.

LEURS VOTES

Le fameux désir d'unité n'empêcha pas la réunion de la salle Wagram d'être aussi houleuse, aussi traversée d'interruptions et d'injures après le départ du P. O. F. qu'auparavant.

Quelle devait être la tâche du deuxième Congrès des organisations socialistes françaises, d'après l'ordre du jour même donné par la convocation qui l'avait réuni ?

Il devait d'abord témoigner par l'approbation ou la désapprobation des rapports ce qu'il pensait de la conduite du Comité général sortant ; exprimer le jugement porté par le Parti socialiste tout entier sur l'œuvre de ce Comité général, et entre autres sur l'attitude prise à la Chambre par une partie des députés soi-disant socialistes à propos des massacres de Chalon-sur-Saône, attitude que le Comité avait blâmée ; se prononcer sur le manifeste des 21 élus qui avaient cru, contrairement aux décisions de décembre 1899, devoir se déclarer soustraits à tout contrôle du Comité général.

Il n'en a rien fait.

Il devait s'occuper de l'organisation intérieure du Parti.

Il n'en a rien fait.

Tout ce qu'ont su faire les hommes rassemblés à la salle Wagram, ç'a été d'insulter les organisations restées fidèles à leur doctrine et aux termes du pacte d'union signé à la salle Japy ; ç'a été de témoigner, en votant l'impression du rapport Rouanet, leur sympathie pour les représentants socialistes qui avaient voté une flétrissure contre les doctrines du collectivisme ; ç'a été de mettre hors de cause ces députés qui, tout en se réclamant du Parti, émettaient la prétention de ne relever que de leur... conscience — et de leurs électeurs.

L'ordre du jour présenté par le citoyen Journoud, au nom de la Fédération socialiste de Saône-et-Loire, contre les fusillades des travailleurs et ceux qui les avaient approuvés par leurs votes, a été repoussé.

Si les délégués hétérogènes, racolés pour la circonstance, ont consenti à accorder leurs suffrages à l'ordre du jour Vaillant, « flétrissant les auteurs responsables du massacre de Chalon et leurs complices », c'est à condition de lui enlever toute portée en l'accolant à un ordre du jour Turot, constatant chez tous les députés ministériels « une entière bonne foi et la seule préoccupation de servir leur parti ».

Fin naturelle et digne de ce pseudo-Congrès socialiste ; commencé par la fraude, continué par l'escroquerie et le guet-apens, il devait se clore par l'équivoque.

Un dernier ordre du jour a décidé de préparer un projet d'unité socialiste. A l'heure où il était voté, il y avait longtemps que les délégués du Parti ouvrier français, réunis salle Vantier, avaient indiqué les conditions nécessaires d'une unification des forces socialistes révolutionnaires.

DÉCLARATION DU PARTI OUVRIER FRANÇAIS

Malgré notre parti-pris d'union, nous avons dû quitter ce matin un Congrès, dit socialiste, qui s'était prêté à toutes les manœuvres pour assurer une majorité au ministère du François et de Chalon-sur-Saône.

En rompant finalement avec de prétendus camarades qui, après avoir piétiné sur les décisions d'un comité général, expression de toutes les organisations socialistes françaises; dépouillé de toute représentation, au moyen du vote par tête, le plus grand nombre de nos organisations; validé tous les groupes fictifs, escroqué toutes les présidences et voté l'impression de la déclaration ministérielle du rapporteur du groupe parlementaire, ont été jusqu'au guet-apens contre le rapporteur de la commission de propagande, traîtreusement appelé derrière la tribune et frappé par des misérables sûrs d'avance d'une impunité immédiatement consacrée par un vote formel, nous avons la conviction d'avoir fait notre devoir et nous comptons sur le prolétariat conscient pour appuyer notre sortie nécessaire,

Nous ajoutons que, plus que jamais, nous sommes prêts non seulement à l'union étroite, mais à l'unité complète avec tous les éléments socialistes-révolutionnaires qui, inébranlables sur le terrain de la lutte de classe, se refusent à toute compromission avec la bourgeoisie capitaliste et gouvernementale.

RÉSOLUTION

Les délégués réunis, salle Vantier, en Congrès exclusivement socialiste et représentant plus de mille groupes, syndicats et coopératives, décident à l'unanimité : -

1° De se solidariser avec le Comité général issu du Congrès de décembre dernier, en approuvant les rapports présentés par le citoyen Dubreuilh au nom dudit comité, par le citoyen Bracke au nom de la commission de contrôle, et par le citoyen Andrieux au nom de la commission de propagande;

2° De reprendre le vote de désapprobation — ou de blâme — émis par le Comité général, d'accord avec la Fédération socialiste autonome de Saône-et-Loire, contre les élus socialistes qui, au lendemain du massacre de Chalon, ont, après avoir repoussé l'enquête parlementaire, exprimé leur confiance dans le gouvernement responsable, en même temps qu'ils réprouvaient les doctrines collectivistes dénoncées comme un moyen d'abuser les travailleurs ;

3o De réaliser entre tous les socialistes révolutionnaires non seulement l'union, mais l'unité, au moyen d'un nouveau Comité général ouvert à toutes les organisations inébranlables sur le terrain de la lutte de classe, et dans laquelle le P. O. F. — qu'on a présenté calomnieusement comme voulant monopoliser la direction du mouvement socialiste, — s'engage à l'avance à ne jamais majoriser ses camarades de combat.

Le bureau :

Pour la Fédération de la région du Nord : 1. Nord : G. Delory, maire de Lille : 2. Pas-de-Calais : O. Delcourt, maire d'Avion : 3. Somme, Triboulet, d'Abbeville : pour la Fédération centrale : Paul Constans, maire de Montluçon ; pour l'Indre : Jacques Dufour, député de l'Indre ; pour la Fédération du Rhône : Péronin ; pour la Fédération de l'Isère ; F. Dognin, secrétaire général ; pour la Fédération des Hautes-Alpes : L. Cornand, secrétaire ; pour la Savoie et la Haute-Savoie : Ducret, de Chambéry ; Brou, de Thonon-les-Bains ; pour la Fédération du Sud-Ouest ; Courtois, de Toulouse : pour la Fédération de la Marne : Pérot, de Reims, secrétaire : pour la Fédération de l'Oise : Compère-Morel, secrétaire ; pour l'Agglomération roannaise : Darancy, adjoint au maire ; pour la Fédération du Gard : Rouger-Hubert, de Calvisson : pour la Fédération de la Drôme : P. Marius André ; pour la Fédération girondine : Raymond Lavigne, secrétaire ; pour les Basses-Pyrénées : Carles, Gabot ; pour la Dordogne : Proutier, de Périgueux : Lalue, de Montignac ; pour la Fédération des Pyrénées-Orientales : Jean Manall, secrétaire ; pour la Fédération de la région parisienne : Bracke ; pour l'Ain : Darme ; pour la Fédération de la Haute-Vienne et de la Creuse : Teissonnière, secrétaire ; pour la Fédération de la cinquième circonscription de Saint-Denis : Foucalet ; pour Seine-et-Oise : Gauché ; pour la Loire-Inférieure · Poussin, de Pornic ; pour le Morbihan : Morio, de Lorient ; pour le groupe de Tarbes : Dazet ; pour l'Ardèche : Meunier Arsène ; pour le Loiret : Tellier, de Montargis ; pour Eure-et-Loir : Courtois, de Dreux ; pour la Fédération de la Lozère : Collier ; pour le groupe d'Apt (Vaucluse) : Duciel ; pour le groupe de Melun (Seine-et-Marne) : Becker ; pour les Deux-Sèvres : Thison ; pour le Conseil national : Jules Guesde, Paul Lafargue, secrétaires.

On peut juger maintenant sur pièces l'œuvre du prétendu Congrès de la salle Wagram. S'il a montré quelque chose, c'est avant tout que la condition préalable d'existence d'un Parti uni ou unifié. c'est la confiance réciproque entre ses membres et l'assurance chez tous qu'ils ne trouveront vis-àvis d'eux ni artifices ni manœuvres ayant pour but de créer une majorité factice ou déloyale ; c'est aussi qu'il n'y aura d'unité socialiste révolutionnaire que le jour où toutes les forces du prolétariat seront unies « à l'encontre de toute combinaison ministérielle ou bourgeoise, en dehors de tout élément étrange ». Ainsi s'exprime le manifeste commun publié le 21 octobre par les organisations fraternelles du P. S. R., de l'A. C. et du P. O. F., auxquelles s'était jointe la Fédération autonome du Doubs, de la Haute-Saône et du Haut-Rhin.

Imprim. spéciale de la librairie G. Jacques et Cie, 1, r. Casimir-Delavigne, Paris

www.ingramcontent.com/pod-product-compliance
Lightning Source LLC
LaVergne TN
LVHW010323030726
842520LV00004B/1223